板倉聖宣

数量的な見方 考え方

数学教育を根底から変える視点

仮説社

そうてい　渡辺次郎
扉／見出イラスト
『塵劫記』（吉田光由／初版1627年）より

本文用紙／オペラクリームゼウス／四六Y，64.5kg
表紙／色上質（銀鼠）最厚口
カバー／コート／四六Y，110g
見返し／タント（S3）／四六Y，100kg

はしがき

　この本は，数学と数学教育に関連した私の文章を一冊にまとめたものです。それなのに書名を『私の数学／数学教育論』などとしませんでした。その最大の理由は，これまでの数学教育に親しみを持てないでいた人びとにも，ぜひこの本を読んで欲しいと思っているからです。副題に「数学教育を根底から変える視点」と記したように，この本ではこれまでの数学教育とはまるで違う問題を論じています。これを読んで，「数学の自由な考え方を知って，数学好きになって下さる方々」が増えることも期待しているのです。

　本書をパラパラとめくって見れば，「〈本当の数〉と〈ウソの数〉」とか，〈だいたいの数〉とか〈タテマエの数〉といった言葉が出てきます。普通の数学／数学教育の本には，まったくというほど見られない言葉だと思います。私はずっと以前から，「数学教育はそういう話題を取り上げなくていいのか」と思ってきました。そういう目新しい数学の話を読んだら，「これまでの数学教育に親しめなかった人びとも，数学に少しは親しみを感ずるようになるのではないか」と思うのです。

　「数学が嫌い」という人びとの多くは，数学は「自由の対極にある学問だ」と誤解して，「それで数学嫌いになったのだ」と私は思っています。それほど自由な発想の好きな人は，私の好きな人でもあります。だからこそ，そういう人びとにも「この著者のいうような数学なら好きになれる」と感じて欲しいのです。

　これまでの学校教育でも，数学教育は伝統的にとても重視され

てきました。しかし私は，『分数の出来ない大学生』という本が出版されたり，「数学学力の深刻な低下ぶり」を憂えて，その証拠として「文部科学省は〈円周率の値を3.14でなく3としてもいい〉としている」などといった話を聞くと，数学の学力がますます誤解されるように思えてなりません。

　数学学力は理工系に進学する学生たちだけに必要なように思われていたりしますが，私は，そういう学校の生徒たちの〈数学学力の低さ〉よりも，現実の文科系の学者たちの〈数学嫌い〉〈数学学力の低さ〉の方が気になって仕方がありません。「大学の先生などの学者たちが，小学校でも教えることが出来るような〈グラフを書く習慣〉を身に付けていたら，その研究はどんなに飛躍的に高まるだろう」などと思うのです。「それらの学者たちは，大学の先生になるまでに，ずいぶん沢山の数学教育を受けて来たに違いない」と思うのですが，それらの数学教育は「それらの学者たちを〈数学嫌い〉にするにだけ役立ってきた」ように思えてならないのです。

　こんなわけで，本書は「数学教育論」と言っても，ふつう『数学教育論集』という書名でイメージされるものとは全く違うので，あえて『数量的な見方考え方』と言う書名を採用したわけです。

　本書は，私がこれまで様ざまな機会に発表した論文／文章を一冊にまとめたものです。それらの文章について，次にごくかんたんに紹介しておきます。順番にとらわれずに，気になったところから読んでくだされればいいのです。最後におさめた（10）「授業書案〈勾配と角度〉」と，（11）「授業書案〈図形と角度〉」の二つは，小中学校での数学の授業の展開の仕方を詳しく書き込んであるので，「小中学校での数学の授業なんか興味がない」という人には読んで頂けないかも知れません。しかし，その文章も，「前

のほうだけでも読んで下されば，興味を持てるようになるかも知れない」と思います。

　最初の（1）「概数の哲学」と（2）「算数教育を考える」の二つの文章は，本書の核心をなす部分ですから，まずはその部分だけでも読んで下さい。そして「この本は〈数学の本〉というのだが，予想していたのとは随分違う」と思われたら，その他の部分も読んで下さい。

　（3）「大学の入学試験と〈浪人〉」と（8）「科学と数学」とは，岩波書店の『科学』と『岩波講座・基礎数学』の「月報」という理工系の専門家を対象とした出版物に書いた文章なので，少しは取り付きにくいかも知れません。（4）「古代以来〈日本人の成人の総数〉と〈読み書き出来る人の総数〉」は，「著者の解いた数学の応用問題」です。私は「自分の数学をつくる」ということを度々書いているのですが，その「自分のための数学」ということの具体的なイメージを描いていただけるかもしれません。（5）「二宮尊徳と数学」と（6）「日本（中国・朝鮮）に於けるゼロの概念とその記号の歴史」とは詳しい史料も紹介しているので面倒に思えるかも知れません。しかし，この部分には日本史と数学の接点に関する著者の新発見が含まれているので，前のほうだけでも読んで下さい。

　（7）の「2種類あった江戸時代の円周率」は，〈新総合読本〉と称して，「おもに小中学生の読み物」を想定して書かれたものです。最近はなぜか「江戸時代の和算＝日本の数学」に対する郷愁的な話がもてはやされているようですが，和算が西洋数学に劣る面を知らせてくれる話です。

数量的な見方考え方
―― 数学教育を根底から変える視点 ――

もくじ

まえがき …………………………………………………………… 1

1. 概数の哲学 ………………………………………………… 7
 ――本当の数とウソの数,タテマエの数とおよその数,役立つ数

2. 算数教育を考える ………………………………………… 25

3. 大学の入学試験と〈浪人〉 ……………………………… 39

4. 古代以来,〈日本人の成人の総数〉と
 〈読み書きできる人の総数〉 …………………………… 46

5. 二宮尊徳と数学 …………………………………………… 54
 ――数学というもの,グラフというものの役立ちかた

6. 日本(中国・朝鮮)における
 ゼロの概念とその記号の歴史 …………………………… 66
 ――「無」に関する大風呂敷的な教育談義

7. （新総合読本）**2種類あった江戸時代の円周率** ……… 91
　　──〈3.14〉と〈3.16〉のなぞ

8. **科学と数学** ………………………………………… 112

9. **遠山さんと私** ……………………………………… 121
　　──水道方式と仮説実験授業

10. **授業書案《勾配と角度》** ………………………… 129

11. **授業書案《図形と角度》** ………………………… 159

あとがき ……………………………………………… 189

板倉聖宣／数量的な見方考え方／数学教育　論文著作一覧　197

概数の哲学

――本当の数とウソの数，タテマエの数と
およその数，役立つ数

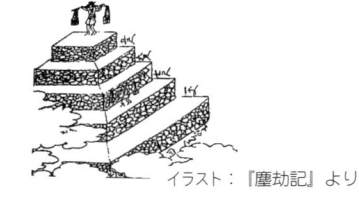

イラスト：『塵劫記』より

　「多くの人びとが社会的な問題を数量的に考えられない原因」や「社会の科学の研究が遅れている原因」の一つは，「数量感覚の貧困さ，概数の概念の欠如」にあるのではないか――私は前々からそう考えて，「概数＝およその数」の教育の重要性を訴えてきました。ところが，多くの人びとと私とでは，同じ「概数」という言葉を使っても，その意味する内容が大きく違っていることに気づいて慌てました。そこで，「概数の哲学――何のための概数か」といった趣旨の話をしたことがあります。その話は好評だったので，その話の内容を大幅に書き直してみました。

●はじめに――私の〈数量感覚〉と私の仕事

　最近の私は，もともとの専門分野である〈物理学史〉と〈物理教育〉の領域を大きく越えて，多くの研究成果を世に出しています。私は，もともと〈落ちこぼれ意識〉が強かった人間で，若い頃は「できるだけ自分の専門領域に閉じこもっていたほうがいい」と思っていました。ところが，小中学生のころから，なぜか数量的なイメージについてだけはかなりの自信がありました。私は何かの偶然で，〈いろいろな問題を数量的なイメージをもとに考え

＊初出：『たのしい授業』1996年11月号（No.175）仮説社

る〉のがとても好きになりました。その上に,私の時代の数学教育がそういう教育を重んじてくれたからでもあるのですが,「私にはごく自然に考えられることが,他の人びとにはなかなか考えられないことが少なくない」ということを知りました。そこで,結果的には多方面の研究に手を出すことになったのです。

　私が『禁酒法と民主主義』『おかねと社会』『模倣の時代』『歴史の見方考え方』(以上,仮説社),『私の評価論』(国土社),『日本史再発見』(朝日新聞社)といった著書まで世に出すようになったのは,そのせいです。こういうと「『禁酒法と民主主義』とか『おかねと社会』なんか数量的な問題とあまり関係ないのではないか」という人も少なくないと思います。しかし,私が専門違いのそんな本まで出せたのは,それらの本は「私独自の数量感覚があってはじめてできた」という自信があったからなのです。

　もともと「無能意識」の強かった私も,それらの成果についてはかなりの自信をもっています。そこで,(私が代表をつとめている)仮説実験授業研究会周辺のみなさんにも,「せめて私程度の数量的な見方考え方を身につけてほしい」と思ってきました。私の〈数量的なものの見方考え方〉というのは,「小中高等学校の時代にはほとんど確立していた」といってもいいので,そんなにむずかしいことはないのです。〈その程度のセンスを身につけていただけで,新しい研究分野が開かれる〉としたなら,そのような考え方は多くの人びとに広めるに値すると言えるでしょう。

　「私の数量的な見方考え方というのは,〈数量的な問題を,だいたいの数で捉えて考えを進める〉ことに特徴があるらしい」ということは,かなり以前から気付いていました。私は,「多くの人びとはやたらに細かい数字にこだわるから,対象の本質を見抜けなくなってしまうのだ」と考えてきたのです。そこで私は,数学教育に関心をもっている人びとと雑談するとき,しばしば

「〈だいたいの数,およその数〉の教育を重視したらどうか」と力説してきたのでした。

●教師も子どもも嫌いな四捨五入の考え方

これまでの学校での〈概数の教育〉というと,「四捨五入のやり方を教える」といったことからはじまるようです。ところが,〈四捨五入〉というのは,それを教わってもなかなか感動的にはならないようです。いやそれどころか,「四捨五入なんて馬鹿げている」と思われてしまいがちです。だって,そうでしょう。「〈本当の数〉が分かっているのに,なんでいまさら四捨五入などして〈だいたいの数〉を出す必要があるの？」ということになるではありませんか。

その点は,子どもだけでなく,先生方の中にも同じように考えている人が少なくないようです。これでは,四捨五入の問題なんか,ちゃんとやる気にはならないでしょう。

しかし私には,「四捨五入というのはとても面白い考えだなあ」と思って,感動した記憶があります。その違いはどこにあるのでしょうか。それは,どうもこういうことのようです。ふつうの人びとは,四捨五入する前の数を「本当の数」と思っていたりするらしいのですが,私は「この世の中にはなかなか〈本当の数〉などあるものではない」と考えていたのです。

●本当の数量を確定することは難しい

私の受けた算数・数学教育では,それ以前やその後の教育と比較して,「測定」をとても大事にしていました。算数・数学の問題は,はじめに数量を与えて,その数量を〈正しいもの〉として計算させるのが普通です。しかし,測定を大事にすると,得られた数字が本当に正しいかどうか,気になります。たとえば,私の

受けた算術の授業では,「学校から家まで歩くと何歩あるか,数えてその距離を計る」という「歩測」の授業がありました。

　こういうと,「歩いた歩数で距離を計るなんて,いい加減に決まっている」と思う人が多いかもしれません。私もはじめそう思いました。ところが,同じ距離のところを何度も歩測してみると,ほとんど誤差がないのは驚きでした。そこで,歩測でもかなり役立つことを知ったのです。もちろん,同じところを歩いて「いつも一歩も違わない」などということはありません。何歩か違うのは当たり前です。いや,そういう教育を通じて,歩測だけでなく「どんな方法で測定したものでも,多少の誤差がつきものだ」ということにも気付きました。だから,私は数量を見るといつも,「それがどこまで本当と言えるかどうか」気になるようになっていたのです。

　歩測でも,一歩の長さをもとに計算すると,細かな数字が出ることがあります。しかし,10m以下の詳しい数字は信用しがたいでしょう。数％の誤差は承知の上のことです。だから,私はかなり信用できる数字でも,あまり細かい数字まで信用してはいけないと考えていました。そこで,いつも「この数字のどこまでが信用できるんだろう」と考えるようになったのです。そういうとき「四捨五入してしまったほうがかえって信用できるようになる」と思ったのです。四捨五入というのは,そういうとき数字を丸めるのにとても便利だからです。

　多くの人びとは,四捨五入というのは「〈本当の数〉をもとに〈だいたいの数〉を求める操作」と考えているようです。しかし,私は,「〈もともと信用できにくい数〉を〈信用できる数〉に近づけるために四捨五入する」と考えていることが多いのです。また,あまり桁数の多い数字では計算するにも覚えているにも不便です。そういうときも,四捨五入というのは,〈およその数〉を出

すのにとても便利です。そういうことを知らなければ，四捨五入なんか勉強する気にならないのは当然のことでしょう。

●国勢調査の結果はどこまで信用できるか

　こういうと，「たしかに連続量の場合は測定に誤差がつきものだが，個数の場合はそうではない。いつも確かな数が得られる」という人がいるでしょう。しかし，大きな数の場合は大変です。たとえば，日本全国の人口などです。国勢調査で正確に数えたつもりでも，その数はどれだけ正確なのでしょうか。国勢調査の結果では，「現在結婚している男と女の数」が大きく違っていることは有名です。「現在結婚している男と女の数」は同数に決まっているのに，調査結果ではそれが違うのですから，国勢調査の結果が「絶対確かな数などでない」ことは明らかです。

　それなのに，社会科教育で有名なある小学校教師は，子どもたちに「現在の日本の人口は？」と聞いて，子どもたちが「１億２千万人」などと答えたとき，黒板に「本当は１億１………人だ」と１桁までの数字を書いて見せて子どもたちを驚かせ，感動させた，と授業記録に書いています。しかし，その教室に私のような子どもがいたら，「そんな数字の１〜２桁の数字は信用できないんじゃないですか。それに，国勢調査のときから今までに生まれた人や死んだ人もいるから，違うはずです」と抗議したことでしょう。そういう子どもの気持ちを推察できない教師はいい社会科教師とは言えないと思うのですが，どうでしょうか。

　国勢調査の数を１桁まで覚えていたら，たとえそれがある瞬間には正しい数だったとしても，次の瞬間にはもう新しい子どもが生まれたり死亡者が出たりしますから，あっという間に間違えることになります。しかし，〈およその数〉で覚えていれば，かなり長期間役立つことになります。有名な冗談で，「止まっている

時計は1日に2回あう。しかし，1分遅れた時計は永遠にあわない。どっちがいいか」という話があります。だいたいの数字を利用すれば，多少の変化があっても通用する数字ということになるのです。

　国勢調査は，「人口調査としてもっとも信頼できるもの」とされています。じつは，国勢調査の結果は「タテマエとして〈正しい数〉になっていないと困る」ことになるのです。国会議員の選挙区は国勢調査の結果に基づいて配分されたりするので，その数字が間違っていることになると大変だからです。だから，多少の誤差があるとしても，みんなが「タテマエの数」として尊重することになっています。そういう数字も，目的によっては〈だいたいの数〉に直して利用したほうがいいのです。

● 〈ある場所に何人ぐらいいたか〉の推定
　「日本全国の人口」などというと膨大な数ですが，もっと少ない個数でも〈だいたいの数〉で捉えることが大切な場合が少なくありません。

　たとえば，「いまこの部屋に何人ぐらいの人がいるでしょう」といった問題を出すと，一生懸命に数えだす人がいたりします。たしかに，「いまこの部屋に何人いるか」ということだったら，すぐに数えればいいわけです。みんなに一個ずつ果物でも配ろうと思ったら，正確な人数を知っていたほうがいいわけです。しかし，数百人になったら数えるのが大変です。そういう場合は「およその数を数えて，少し余る程度に用意する」というほうが効率的だということも知っていたほうがいいのです。

　私は「組織論」にもかなり関心をもっているので，いろいろな集まりに参加した人の数が気になります。そんなとき，その会に出席していた人に人数を聞いたりするのですが，しばしば話が通

じなくて困ります。私が「その会には何人ぐらいの人がいたんですか」というと，「さあ」と首を傾げるだけで，答えてくれないことが少なくないのです。「私は主催者側ではないので，そんなこと分かりません」と答える人もいます。

　しかし，そんな人でも選択肢を出して聞くと，みんな答えてくれます。何か選択肢があると，質問の意図がはっきりしてきて答えやすくなることが多いのです。そこで私は，相手が答えに窮したらすぐに「千人ぐらい？　百人ぐらい？　十人ぐらい？」と聞き直します。そんな質問をすると，たいていの人はすぐに「十人？　そんな馬鹿な！　二三百人はいたかなあ」とか，「千人なんて，そんなにいなかったですよ」といった答えを返してくれます。それではじめて，その集まりのだいたいのことが理解できるようになるのです。私はその程度の〈だいたいの数〉が知れればいいことが多いのですが，「そんな答えでは満足しないだろう」という人が少なくないので，「さあ，何人くらいいたかなあ」と首を傾げるだけになってしまうのです。

● だいたいの数を知ることの重要性
　私たちが知らない数のことは，その数のオーダー（桁数）さえ見当がつかないことが少なくないのです。しかし，桁数が分かるだけで，それまで何となく抱いていたイメージが全く違っていたことが分かって，そのことに関する知識が大いに前進することがあります。私など歴史の話を読んでいても，数量的なオーダーさえ分からなくて，まったく間違ったイメージをもってしまうことがあります。そこで私は，〈社会の科学〉の教育でも数量を重視するのです。数量を問題にすると，多くの人びとのそれまで抱いていた社会のイメージを引っ繰り返すことも簡単だからです。

　たとえば，「近世初期のドイツの自由都市」というと，人口は

どのくらいだったと思いますか。「〈都市〉というからには，2〜3万はいたのかな」などと思うと大違いです。数千人もいれば多いほうだったりするからです。地動説の先駆者のケプラーは，1571年にドイツのそういう「自由都市」の一つ〈ヴァイル・デル・シュタット〉に生まれたのですが，「自由都市」と言ってもその〈都市〉の戸数はわずかに200戸ほどだったといいます。人口でいえば多くて2000人というところでしょう。今日の日本の「市」というのは原則として3万人以上です。そこで，「都市」といえば人口30万人以上の市を想像したりするのですが，近世初期には，そんなに大きな都市は一つもなかったのです。

　もう一つの例を出しましょう。手元にある高校の『日本史の教科書』（東書，1977）の100ページには，明国と室町幕府との〈勘合貿易〉で「日本からは，刀剣・硫黄・銅・扇・漆器などを輸出し，明からは銅銭・生糸・絹織物・薬種・書画などが輸入された」とあります。それなら，日本からの輸出品の一番最初に書かれている「刀剣」というのは，毎年どのくらい輸出されたのでしょうか。──

　こういう問題を出すと，まるで予想がつかない人びとは当惑してしまいます。そこで，「ある人は〈十本ぐらいかな〉と予想するのに，ある人は〈千本ぐらい〉と予想します」などというと，「えっ，そんなに大雑把な数でいいんですか。それなら百本ぐらいかなあ」などと答えてくれます。〈十本か千本か〉というと，「ずいぶん大雑把な数」ということになるのですが，それでも，**その大雑把な数も正しく予想できない場合には，そんな大雑把な数を知ることに意味がある**のです。

　じつは私も最近になってこの答えを知って驚いたのですが，王輯五著・今井啓一訳註『日支交通史』（1941）の280ページには，「倭刀〔日本刀〕の輸入額は，第一次・第二次の勘合貿易では各約

3000振,第三次はほとんど1,0000振,第四次は3,0000振,第五次は7000余振,第六次は3,7000振に上った」とあります。この第一次勘合貿易というのは1404年のことで,第六次というのは1410年のことですから,1404〜10年の7年間に合計9万本の日本刀が輸出されたことになります。何と「年間1万本以上の日本刀が輸出されていた」というわけです。

こういうと,「それはその7年間だけの特殊な現象ではないのか」という疑問も残りますが,上記の本には,
> 「その後,倭刀〔日本刀〕の数目,驟かに増し,その悉くを収買する事が出来ない状態になったので,第二次の勘合貿易の頃には,〈毎次3000振を過ぐるを得ず〉という規定をつくったけれども,実際上には却ってその規定額を超過する状態であった」

とあります。これを見ると「年間1万本近くの日本刀を輸出していた」というのは,特別な時期だけのことではなかったことになります。

実際,1451年の遣明船は,小葉田淳著『中世日支通交貿易史の研究』(1969)の398ページに引用されている『明の実録』には,
> 「袞刀 417・腰刀 9483」

湯谷稔編『日明勘合貿易史料』(1983)の157ページに引用されている日本の『大乗院日記目録』には,
> 「太刀 9500……長刀 417振」

運んだと出ています。このうち〈袞刀〉というのは,「龍の模様のある王侯用の刀」という意味です。中国側の史料で合計9900本,日本側の史料で合計9917振と少し数字が食い違うものの,1万本近い刀剣が日本から明国に輸出されたことが明らかです。

＊日本刀の輸出量については,板倉聖宣「日本刀の大量輸出のなぞ」『(第3期)仮説実験授業研究(第9冊)』仮説社,参照

●数字の水増し──野球の観客数

　今度は「〈きっちりした数〉は信用できないことが少なくない」ということをお話ししましょう。その一例として，まず『朝日新聞』の1991年10月4日の朝刊の「声」欄に載った，船橋市の佐藤秀雄さんという人の「プロ野球は客の水増しをやめよ」と題する文章を引用させてください。

> 「数々の熱戦で楽しませてくれたプロ野球も，終盤を迎えましたが，疑問に感じるのは，観客動員数です。東京ドームの巨人戦は，いつも5万6000人と発表されますが，東京ドームの座席数は約3万9000人だそうで，立ち見客を加えても4万人強，実に約1万5000人も水増ししていることになります。
> 　また，西武球場は消防署に届けられている最大収容人数は2万8000人程度とのことですが，年に何回かは5万人と発表されます。外野の芝生席や立ち見客を加えても2万人近くも水増しされています。
> 　球団側は「遊園地へ行くために途中で帰った人と，その逆で途中から入った人の延べ人数」と説明しているそうですが，途中で入れ替わる人が2万人もいるとは考えられません。
> 　米大リーグでは1けたの位まで正確に発表されますが，せめて1000人単位で正しく発表すべきです。
> 　観客数の水増し発表は，真の実力のないチームが人気を誇張するための手口なのでしょうが，いまやプロ野球界のバブルも解消すべき時代です」（以上，全文）

というのです。

　こんな数字はいくらオーバーな発表をしてもどうということはないようにも思えます。しかし，最近は野球のほかにサッカーも盛んですから，「どちらのほうが多くの観客を動員したか」ということを考えるとき，一方の数字だけ大きく水増ししてあると，判断を間違えるので注意が必要です。

●組合側と警察側の数の食い違い

「数字の水増し発表」といえば，メーデーその他のデモ行動のときの参加者数の食い違いがあります。メーデー当日，主催者側が東京の中央メーデーへの参加者数を120万人などと発表します。ところが，警察発表によると54万人だったりします。倍以上も違うのが普通なのです。一体どちらが正しいのでしょうか。どうしてそんな食い違いが起きるのでしょうか。

私は前々からこういうことが気になって，その数字の食い違いの原因を調べたところ，必ずしも「積極的なウソ」をついているわけではないようです。というのは，主催者側発表というのは「参加組合の報告した〈参加予定者数〉を集計したもの」で，警察発表は「要所要所に立っている警察官に数えさせた数を集計したもの」なのだそうです。組合の力が弱くなると，とくに〈動員予定者数〉と実際の参加者数がかなり大きくずれることになります。一方，警察発表では数え落としがかなりあっても不思議ではありません。そこで，両者の食い違いが大きくなるのです。

もっとも，力が強いときは〈積極的なウソ〉の発表をしない組織でも，力が弱くなると〈意図的なウソ〉の発表をするようにもなるので，注意する必要があります。今年〔1996年〕あたりは，〈社会党＝社会民主党系メーデー〉では，主催者側発表と警察発表とで3倍以上違っていたと思います。共産党系メーデーでもかなり食い違っていましたが，2倍とは違っていませんでした。それを見て私は「社会党系の組合のほうが，共産党系組合よりも力が衰えているんだなあ」と感じたものです。

こんなことをいうと，すぐに「〈主催者側はいつも多目に，警察はいつも少な目に発表する〉という法則」を作ってしまう人がいます。しかし，そうとは限りません。たとえば「警察が〈メーデー参加者の一部が暴徒化した〉と発表するときには，その参加

者数を何倍にも多めに発表する」と考えたほうがいいからです。「〈暴徒化した人数〉が少ないのに大量の警察官を動員した」となると，世論の支持が期待できなくなる恐れもあるからです。ですから一般的には，「利害関係者の発表する数字にはその利害が大きく反映する」と考えたほうがいいのです。

　「利害が伴う数字」というのは，稀ではありません。しかも，多くの場合〈利害の伴う数字〉ほど〈気になる数字〉であることが少なくないので困ります。

●利害がからむと，数字はまったく信用できなくなる
　たとえば，日本の古代の課税は人頭税中心でした。そこで，人頭税を少しでも減らしたい住民は，さまざまの作為をして人口を偽ったようです。たとえば，当時は成人男性の課税が一番重かったので，いまも残る当時の戸籍には「人口200人のうち成人男性は３人」などと報告している村も少なくありませんでした。だから，古代の人口は，当時の記録をそのままは信用できないところが少なくないのです。

　それに対して，江戸時代後半の人口はかなり信用できます。江戸時代には，課税標準は「石高」にあって「人口」にはなかったからです。そこで私は「江戸時代の経済を考えるには，石高よりも人口に着目したほうがいい」と考えて，これまで歴史学者たちの気づかなかった多くの事柄を明るみに出すことに成功したのです。だからといって，江戸時代の人口統計でも当事者が利害関係を意識しているときには全く信用できなくなることがあります。じっさい，相馬藩や長州藩が幕府に届け出た人口には「意図的なウソの数」の部分があったことは，これまで（『日本史再発見』などで）指摘してきた通りです。

　こういうことは，普段「だいたいの数でもいいから信用できる

数を知りたい」と思っていないと，なかなか見抜けません。私はそういう問題意識をもっていたからこそ，相馬藩の人口統計の誤魔化しの謎を明らかにして，本当の数に近い数を探り出すことができたのだと思っています。(『歴史の見方考え方』仮説社，『日本史再発見』朝日新聞社，等を参照のこと)

● 〈いんちきな数〉に誤魔化されないための〈概数〉

　新聞社や出版社の人に新聞や本の発行部数を尋ねると，たいていは嫌がりますが，強いて尋ねると「公称〇〇万部」などと答えてくれます。この「公称」というのは，会社から「聞かれたらそう答えるように」と言われている数字なのです。それは「タテマエの数」であっても，「本当の数」ではないことを知っているので，言いたがらないのです。その「公称」の数字は「実際の数字よりいくらか多め」どころではなく，何倍も違うのが普通のようです。マスコミの新聞や雑誌の主要な財源となっている広告料は，「その発行部数に比例する」ことになっているからです。

　しかし逆に，「発行部数に応じて広告料を払う有力企業」からすると，その利害からして，何とか「公称」でない「本当の発行部数」を知りたいことになります。そこで，「ABC委員会」という組織が「有力な新聞雑誌の本当の発行部数」をたえずチェックして，広告主の利益を擁護しているそうです。

　私たちが知りたいのは「本当の数」です。ところが，〈やたらに詳しい数〉の多くは「いんちきな数」で信用できないのです。しかし，そういう「そのままでは信用できない数」でも，大まかに言えば間違いないのが普通です。新聞の「公称」の発行部数はかなり信用できないとはいえ，桁数まで信用できないとは言えません。そこで私たちは，「桁数の多いいんちきな数」から「マアこのくらいは本当だろう」という数を求める必要があります。

四捨五入というのは，そういうときの考え方の指針を提供してくれるわけです。ですから「四捨五入というのは，〈正確な数〉から〈いいかげんな数〉を求める操作だ」などと考えてはならないのです。ですから，「四捨五入などを教えるときには，その前に正しい数量感覚を教えておく必要がある」と思うのです。

　四捨五入その他で「概数＝およその数」を教えるときには，それとともに「社会的な数には，〈本当の数〉と〈ウソの数〉と〈タテマエの数〉〈およその数〉という，いろいろな性格の数がある」ということに注意することが大切なのです。

　普通の数学では，与えられた数は〈正しい数〉であることを前提に計算などします。ところが，「現実の社会の数量というのは，天から降ってくるわけではなく，人間が測定して求めるものですから，必ず〈誤差がつきもの〉と考えなければならない」ということを充分に教えておかないと，〈概数＝だいたいの数〉でもって実際の問題を解くことができなくなるのです。

●自然科学に属する問題での〈およその数〉

　〈およその数〉が威力を発揮するのは，社会の問題だけではありません。

　たとえば，「地球はどんな形をしているか」というと，「山あり谷ありでデコボコだらけ，というのが一番正しい」とも言えそうです。しかし，他の天体から見れば〈まん丸〉に見えるはずです。それなのに，「地球はまん丸であるか，楕円形か，西洋ナシ型か」という問題を出すと，「西洋ナシ型」と答える人が結構います。実際には楕円形にも見えないはずです。さいわい「地球は回転楕円体だ」とか，「西洋ナシ型だ」などということを知らない大部分の人は，「地球が丸い」ということだけは誤差を考えてみんな納得しています。しかし，普通はなかなかそういう納得の仕方をし

ないので,「だいたいの真実」も分からなくなってしまうのです。

　なぜ〈およその数〉が大事なのかというと,それは「再現性の問題」と関係があります。たいていの法則は大なり少なり誤差があります。しかし,問題意識があり実践的関心があれば,かなりの誤差があっても「すばらしい法則だ」と感動できます。

　たとえば,「床の上で物を横に引っ張るには,その物の重さ以上の力が必要かどうか」という問題を出すと,学校の理科の先生なんかは,「摩擦係数が分からないから何ともいえない」などと言ったりします。しかし,レオナルド・ダ・ビンチなら,「摩擦係数は多くても0.5ぐらいだ」ということを知っていますから,すぐに答えられます。「大部分のものの間の摩擦係数は1/3から1/2ぐらいだ」というのは,ずいぶん大雑把な法則のように見えるかも知れません。しかし,大部分の人は経験的に,重いものをもちあげるより,ひいた方が楽だと承知しているではありませんか。

　そういう〈およその数〉はとても役立つのです。それはなぜかといったら,**未来予測というのは,そういう「だいたいの数で充分」**ということが多いからです。多くの人びとには,未来はまったく予測できないように思えても,ある人たちにとっては,ある幅で予測できるのです。

　仮説実験授業の《力と運動》の授業書ができる前には,物理学の先生は,運動の問題を扱うとき,やたらに「もし摩擦がないとすると」という条件をつけて話したものです。そこで,たいていの人は力学を勉強する意欲を失ってしまいました。「もし摩擦がないとすると」というのは,「実際には摩擦力があるから,実際にはその通りにはならないが」ということだからです。多くの生徒が「そんな力学を勉強しても役立たないから勉強する気がしない」と思っても当然のことでしょう。

　しかし,実際には,ピンポン玉でもゴルフボールでも,鉛の玉

でも，1mほどの高さから落としたときには「空気抵抗は全くない」と言っていいのです。空気抵抗は「ゼロではないにしてもほとんどゼロ」なのです。だから，そういう問題を解くときには，いつも理論通りになるのです。私の作成した《力と運動》の授業書はそういうことを明らかにしたもので，画期的なものとなっているのです。

● 再現性のある数だけが〈本当の数〉〈意味のある数〉

「教育を科学的に研究しよう」という人にも，概数の重要性を正しく理解しないで，くだらないことばかりを研究している人が少なくありません。

多くの「教育実験研究」では，「対照群」と称するクラスを設けて研究することがはやっています。そして，新しい授業法の成果を数量的に明らかにしようとして，テストの平均点が「68.35点」だったなどと，小数点以下2桁まで示したりしています。「それは本当か」というと，「まちがいありません。ちゃんと計算したんで」というわけですが，どうしてそれが「本当だ」といえるのでしょうか。

同じような授業を同じようなクラスでやったときに常に「68.35点」になるのなら，その数字にも意味があります。しかし，そんなことにはなりっこありません。そんな数字は，たまたまある子どもが休んだり，その日が暑かったり寒かったりしただけで簡単にかわってしまいます。そんな点数にどんな意味があるのでしょう。同じようなクラスに同じような先生が同じようなことを教えたときに，この方法で授業すればいつも「60点から70点の点はとれるよ」というようになってはじめて，その再現性のある点数を発表する意味があるのです。そういう数だけが〈意味のある数〉〈本当の数〉と言えるのです。

私はいまのところ「教育研究はもっと大雑把でなければならない」と考えています。いくら等質な「対照群」を設定しようとしても，試験の成績で小数点以下２桁どころか，１位でも合わせることは困難です。そこで，仮説実験授業でははるかに大雑把な評価法をとることにしています。前には「授業が大好き／好き」という子がクラスで数人ないし十数人しかいなかったのに，今度の授業ではそれが「三十数人にもなった」というのなら，「勝負あった」ということになるではありませんか。「教育研究はまだまだ遅れているので，そういう大雑把な研究で差がつくような研究でなければ意味がない」と思うのです。

　もちろん，科学が進歩すればそれに応じて細かいことだって議論できるようになります。イギリスのレーリー卿は「アンモニアから得た窒素の原子量の測定結果」と「空気中にある窒素の原子量の測定結果」の値が僅かに違うことに注目しました。そして，1895年にラムゼーと一緒に「ふつうの空気中には微量な気体元素アルゴンが含まれている」ということを発見することに成功したのです。しかしこれは，それまでに原子量がとても厳密に測定できていて，「どこの空気でも窒素の含有量は小数点以下どこまでは同じだ」ということが分かっていたからです。しかし，授業の科学的研究では，まだそんな細かいことは問題にならないのです。

● 〈だいたいの数〉が大切なのは未来予測のため

　普段からあまり詳しい数字ばかりを扱っていると，そういう数字を使って計算するのも面倒になります。しかし，1.2億人などという概数なら計算も楽で，気軽にできます。落下の加速度の値なども 9.8 m/sec^2 とするよりも，10 m/sec^2 と覚えたほうが，ずっと役立ちます。

　あなたは，いま自分のサイフやポケットにいくら入っているか，

どの程度の精度で言えますか。1円の単位まで正確に言えなくとも「3万円くらい」とか「2千円ほど」とか，はじめの1桁くらいは正確に言えるでしょう。普通はそれで充分だからです。家の財産だって，上1桁または2桁までしか言えないでしょう。それで充分だからです。そのくらいの数字を知っていれば，「あとどのくらい使ってもいいか」とか「あとどのくらい貯めたい」などと計画が立てられるのです。

　私たちは「何のために本当の数がほしいのか」というと，それは「未来予測」のためです。未来なんてそんなに詳しく予測できるはずがないのです。だからといって，「全然予測できない」わけではありません。その**未来予測**ができるためには，くりかえし**確かめられる確かな数**がほしいのです。それ以上の**数字は邪魔**なのです。だから私たちは四捨五入といった処理法を知っていた方がよいのです。

　『たのしい授業』は，毎号「グラフで見る世界」といって〈グラフ〉を載せています。実は〈グラフ〉というのは，もともと物事をだいたいの数量で考えるようにできています。自分でグラフを書いてみればすぐに分かることですが，グラフに書き表しうるのはたいてい最初の2桁ぐらいのものです。後の数はほとんどグラフに表すことができないのです。だから〈だいたい〉のことだけが直観的に見えるようになるのです。そこで未来予測にも役立つのです。

　　現在では，以上に述べられている内容を具体化した授業書《本当の数とウソの数》が作成・発表されています。
出口陽正「授業書《本当の数とウソの数》」（解説共）
　第1部　歩測と距離…『たのしい授業』2000年6月号（No.226）
　第2部　本当の数とウソの数…同誌，7月号（No.227）仮説社
　さらにそれを改訂した「授業用の別刷り」も用意されています。

算数教育を考える

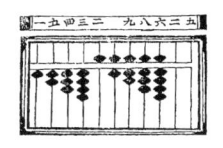

イラスト:『塵劫記』より

　私は算数教育の現状についてまるで知らないといってよい。それでもなぜか私は算数教育のことに関心がある。教育の現状のことは、日ごろ小学校の先生方とつき合っているので、「少しは算数教育上の問題点について耳にすることがある」という程度なのだが、「小学校の算数教育をうけてきたはずの人びとに見られる算数的なものの考え方」のことが気になるのであろうか。

　もっとも、「その算数的なものの考え方というのは、どんなものをいうのか」などとききかえされても、私には答えられない。ただ、私にも私なりに「小学校の算数で教わってもよさそうな知識・考え方」といったものが雑然とあって、それがどうなっているのか、ときどき気になるのである。

●大きな数字の3桁区切り、4桁区切りの問題

　たとえば、数字の4桁区切りである。近ごろ〈数字の4桁区切りを実現する会〉とかなんとかいう会が発足したそうだが、私はずっと4桁区切りを実行している。日本語の数の呼称からすれば4桁区切りにするのが当り前だと思うのだが、いまの日本では3桁区切りが横行している。先日もデパートで立派な人形を見て、

＊初出:『数学セミナー』1980年2月号、日本評論社

その値段をみたら12,500,000円とある。「125万円かな」と思ったが，1250万円であった。宝石売り場へでもいくと，いつもその売値がよめなくてびっくりする。

　もっとも，ふつう私たちが買う商品にはこんなに高価なものは少ないから，あまり問題にならないが，新聞や社会科学書などにのっているグラフには，よくなやまされる。タテ軸の目盛りに100とか200などという数字がふってあって「単位は1000人」とか「単位は100万円」などと記してあるのをみると腹がたつ。いうまでもなく，こんな場合は「単位は万人」とか「単位は億円」とすべきなのである。どうしてこんな当たり前なこともできないのか，私は不思議でならない。

　こういうと，「いや，それは文部省や政府がそう教えるようにしているからいけないのだ」という人があらわれることであろう。じっさい，そういうこともあるらしいことは私も知っている。「外国との取引きの文書では３桁区切りがよい」とか，「国際収支を重視するあまり，すすんで〈欧米諸国への植民地化政策をとっている政府〉に提出する文書には，３桁区切りをしなければならないらしい」といったことはわかる。だから，３桁区切りを学校で教えてもいいと思う。しかし，それと共に，「日本人には４桁区切りの方が便利なのだ」ということを教えたら，ずっとよく納得できるのではないか。

　私は十数年前から「仮説実験授業」というものを提唱して，《宇宙への道》などという授業書（教材）を作っているが，そこに出てくる天文学的数字はすべて４桁区切りで書いている。仮説実験授業をやっている先生方の多くは，その他の場合でも，大きな数字を書くとき４桁区切りで黒板に書いていると思う。そんなことをすると，校長とか教育委員会などからきつく叱られるのだろうか。まさか，そんなこともあるまい。「大きな数字を３桁区切

りで書くか４桁区切りで書くか」は一つの思想信条にもとづく行為であり，誰も干渉できないのではないだろうか。ただ算数のきめられた時間に「３桁区切りというものがあること，それがいまのところ日本でも広く使われていること」を教えればすむのだろう。そのあとすぐに，「それは日本語の構造を無視したばかげた習慣だ」と付け加えたからといって，「偏向教育」のレッテルを貼られることになるのだろうか。神経過敏な人びとの中にはこれをも「偏向教育」ときめつける人はいるだろうが，大勢の人びとはそれを無視するだろう。それでよいのだ。日本の教師はその程度の「偏向」教育もできないほど萎縮してしまっているのだろうか。私には不思議でならない。

　こういうと，「いや，３桁区切りと４桁区切りの両方を教えると，混乱して入学試験のとき困る」という人があらわれるかもしれない。しかし，「３桁区切りと一緒に４桁区切りも教えた方が，かえって数字の区切り方がよくわかるようになる」と私は思うのだが，どうだろうか。「３桁区切りは馬鹿らしいが，欧米人には都合がいいので，日本でもそうしている」と教えた方が，「〈３桁区切り〉だけを教えるよりも知識の定着がずっとよくなることまちがいなしだ」と思うのだが，どんなものだろうか。

　太平洋戦下の文部省はしきりと「数理創造の精神」の育成をとき，「日本人の感じ方に則した合理性の追求」といったことを強調したが，そんな伝統はうけついでいいのではあるまいか。「なにものにもとらわれず，真理をつらぬき通す合理創造の精神の養成」といったような言葉もきいたような気がするが，その精神を生かしてくれたら，少なくとも，取引文書や公文書以外のところで「単位は千」とか「単位は百万」などというものは見なくてすむようになると思うのだ。文部省の方針がかわらなければ，そんなこともできないというようでは，日本の教師の「合理創造の精

神」はまるでなっていないと断念せざるを得ない。

　「桁数の多い数字を3桁区切りにするか4桁区切りにするか」などということは，おそらく「今日の算数教育にとってはたいした問題ではない」と思われるであろう。おそらくこんなことは何時間もかけて教えることにもなっていないのであろう。しかし，だからこそ，この問題は「その教師が合理精神をもっているか，おもねり的精神しかもっていないか」のあかしになるとも思うのだ。

　「数字を4桁区切りさせるようにしたところで，それで今日の算数教育の大きな問題が解決するわけではない」——そんな声が聞こえてくるような気がする。たしかにそうだ。しかし，私には「一事が万事」というような気もする。こういう小さな問題一つでもいい，そこに合理性をつらぬこうとするところから，算数教育の改革がはじまるように思えてならないのである。おそらく子どもたちも，こういう問題にこだわる教師をみて，「算数的・合理的な考え方とはああいうことをいうんだろうな」と深く感ずるところがあるにちがいない。

●日常生活上の数理と算数── $\frac{1}{2}$ は0.5か

　奇妙なところから話がはじまってしまったような気もするが，算数教育についての私の感想というのがもともと，「算数教育内部の問題」というよりも，「算数と現実とのつながりに関する問題」に向けられているのだからお許しをねがいたいと思う。じつは，もう少しまとまった話し方をすると，私は，小学校の算数教育あたりで「もっと現実の問題をとりあげたらどうだろうか」と思うのである。

　もともと，「算数的な法則」というものは，「現実にある事物の数量的な関係」を抽象的にとり出すことによって成立したもので

あろう。小学校の算数教育ではそういう法則を四則計算のような形でとりたてて教えてくれるわけである。しかし，じつは私たちは，「学校で教わる算数とは別に，〈現実の事物の数量的な問題をうまく取り上げるいろんな知恵〉を身につけている」ことにも注意しなくてはいけないのではないだろうか。

　たとえば，私たちは日常的によく「半分」という言葉を口にする。それなら，この「半分」というのは「$\frac{1}{2}$ のことであるから，0.5のことだ」といっていいかというと，そうではないだろう。もともと，現実の事物を数量的にとらえるときには，誤差がつきものであり，近似的にならざるを得ないことが多いものだが，$\frac{1}{2}$ と0.5では誤差の幅がかなり変わってくるからである。実際の場面で $\frac{1}{2}$ といったときに，（場合にもよるが）それは「〈1とも0ともいい難い〉その中間ぐらいというほかない」とか「$\frac{1}{3}$ ほど少なくはなく，$\frac{2}{3}$ ほど多くはない」といったことを意味するのであろう。ところが，これが 0.5 となるとだいぶ話がちがってくる。あるものが 0.5 だというのは，「0.4 や 0.6 よりも 0.5 に近い」ということを意味することになるからである。つまり，

　　$\frac{1}{2}$ …… 0.3〜0.7（または 0.4〜0.6）
　　0.5 …… 0.45〜0.55

というような誤差の範囲を許容しているとみるのがふつうなのである。「ボイルの法則」を発見した英国のボイル（1627〜1691）の論文では目盛りの読みが小数ではなく分数になっている。それをみてもこんな感じで読まれているのがわかる。

　しかし，小学校の算数ではもちろんこんな事柄はとりあげない。私だって，「こういう問題をとりあげろ」というつもりはない。私はただ，「私たちの日常用いている〈半分とか $\frac{1}{2}$〉というのは，$\frac{1}{2}$＝0.5 と単純におきかえられるものでないことが多い」ということを指摘したいのである。私たちは日常生活の中で誤差や近似

のことを考えて，$\frac{1}{2}$ といったり 0.5 といったりして分数と小数とを使い分けているのであって，ふつうの算数における $\frac{1}{2}$ = 0.5 よりもかなり高度なことをやってのけているのである。ところが，そういうことに心しないで，ただやみくもに「$\frac{1}{2}$ = 0.5」を押し通すと，私たちの日常生活の中での「便利で（高級な）数量的な言葉の使い方の原理」が破壊されることになりかねない。そのことに注意してほしいのである。

　ふつうは，「日常生活上の論理」よりも「学校で教える算数の論理」の方が正確かつ厳密であるように思われがちだが，けっしてそんなことはないのである。子どもや大人たちは，そのことをうすぼんやりと気づいている。「数字の3桁区切りよりも4桁区切りの方が合理的だ」ということを知っている程度より，「もう少し希薄かも知れないが」である。しかし，結局は学校の算数教育に圧倒されて，そのことを意識化することができなくなっているといっていいだろう。教師の方に，「そんなことに対する気遣いがほしい」というのである。

● どんな場合に加法性が成立するか

　算数的には，いついかなるときにでも，1＋1は2である。もし「1＋1が2ではない」とおもわれるような現象があったとしても，それは算数がいけないのではなくて，そんな現象にたし算を適用させるのがいけないのである。たとえば，温度 20°C の水に温度 80°C の湯を加えたら，温度 100°C の湯になるかといえば，そうはならない。このような場合には加法性が成立しないからである。算数教育では，こういう加法性の成り立たないような問題は扱わないことになっているようだ。

　そこで，ふしぎなことがおこる。「同じ問題でも，それを〈算数の問題〉として出題するか，〈理科の問題〉として出題するか

によって，子どもたちの回答がまったくちがってくる」ことである。たとえば，「80gの水に20gの食塩をとかしたとする。そのとき食塩水の重さはどうなっているか」という問題を算数の問題として出題する。そうすると，たいてい，80＋20＝100gという答えがかえってくる。「算数の問題だから」というので，機械的に足し算するのである。しかし，これが〈理科の問題〉として出題されると事情は大きくかわってくる。「水に食塩をとかしてみえなくなったら，その重さはなくなってしまう」とも思えるからである。そこで，中学生になっても正しく100gと答えられるものは，「半分（50％ではない！）ほどしかいない」のがふつうである。

「だから，そういう問題は算数ではなく理科で教えるべきだ」といわれれば，たしかにそうともいえる。「どのような場合に算数の足し算が適用できるか」という問題は，理科の具体的な問題を教えるときにいちいちとりあげなければならないのである。それなのに，これまでともすると理科の方でも何となく「教えるまでもなく当たり前のこと」と考えられてきたから，溶液の濃度の問題などになると，なにがなんだかわからなくなる生徒が続出することになったのである。しかし，それは「理科教育だけの罪」というわけにもいかない。理科教育関係者は，「重さの加法性のようなことは当然算数で教えている」と考えるところがあったからである。こういう境界領域の問題は両方で教えるのがいいと思うのだが，どうだろうか。

算数教育でも理科教育でもこれまではともかく，「どんな場合に加法性がなりたつか」というようなことは「少し注意深く考えさえすればすぐ分かること」と見なすことが多すぎたようだ。そこで「子どもがどこで分からなくなるか」気づかずにきたのである。算数教育の場合，重さの加法性を教えることがあっても，「こんなのは当たり前じゃないか」といった雰囲気で教えられる

ことが少なくないようである。しかし,「どんな場合に加法性がなりたつか」というようなことは,実験してはじめてわかることも少なくないのである。

たとえば先の問題にもどって「80gの水（80cm³）に20gの食塩（粉状でもそのすき間を除いて実質の体積だけをはかると約 9.2 cm³になる）をとかしたら,その体積はどうなるだろうか」という問題を考えてみるといい。加法性がなりたつのなら89.2 cm³ ほどになるはずだし,「食塩はとけて水の（分子の）中にしみこむ」と考えれば「80cm³のまま」ということもありうるわけである。それなら,じっさいに実験してみたらどうか。87 cm³ ほどにしかならないのである。80cm³のままではないが,89.2cm³ とくらべらば,2.2cm³ほどへってしまうというわけである。

私はよく「水 50 cm³とアルコール50 cm³をまぜると100cm³になるか」という問題を出すが,これも加法性がなりたたずに,97 cm³ ほどにしかならない。じつは,「食塩は水にとかしても体積の加法性がなりたたない」ということが先に知られていて,それとの対比のもとに「水とアルコールの体積の加法性もなりたたない」ことも確認されるようになったのである。そしてそういう発見が「液体や固体の分子論的な見方」を支え発展させていったのである。

こういう話題はいかにも理科的かもしれないが,算数教育でこういう話題を出すことも悪くないはずである。「現実の問題に算数を適用しようと思ったら,実験をしてみなくてはいけない」という教訓は算数の世界でもいえるからである。

● 日常用語の豊かさを損なうな ── 面積と広さ

思いつくままに話題をかえていくが,こんどは数年前にたまたま小学校で「面積を教える授業プラン」を検討する会に居合わせ

たとき考えさせられたことを持出すことにしよう。

　その席で私がひっかかったのは,「面積とは広さのことです」という冒頭の説明であった。「面積とは広さのことだ」という説明法は,「自明のこと」としてこれまで何の疑いもなく広く使われてきたようだが,これはおかしい。たしかに,面積のことを広さということもある。しかし,日常用語の「広さ」という言葉は,「面積」という算数用語よりもはるかに豊かな言葉である。「宇宙の広さ」というのは三次元的な拡がりのことだし,「道の広さ」というのは一次元的な道幅のことである。「二次元的な広さ」という言葉を使うときでも,必ずしも面積を意味しない。面積的にはふつうの野球場より広くても細長い形をしていたのでは「野球をするには広さが足りない」ということになる。

　教育の世界では,このほか,「重さとは重力のことだ」(または逆に「重力というのは重さのことだ」) などと学術用語と日常用語とをおきかえて説明することが少なくないが,多くの場合それは「あまりにも一方的な定義」になっているようだ。日常用語はしばしばあいまいではあるが,含蓄するところが大きくて深みがある。それを,数学者であろうが科学者であろうが,教育学者であろうが,一面的に定義してしまっては豊かな発想の余地がなくなってしまう。なるほど,数学や科学は術語を厳密に定義することによって大きな成果をあげるのに成功した。しかし,その場合だって数学や科学の発展に応じて一度定義された概念を拡大することによって成功するのが常であった。日常用語だって同じように生活の発展と共にその内容を豊かにしてきたことを見ないわけにはいかない。

　たとえば「重さ」というのは「質量」をさすのに用いられることが多いが,「密度」のことをさす場合もある。多くの人びとは,ものを手にもって感ずる「重さ」というのは重力の大きさだと思

っているが，それと同時に密度も感じとっているのである。だから，ものをもったとたんに,「あ，これはガラスでなく，プラスチックスだな」とか「あ，これはムクだな」と分かってしまうのである。科学者や教師といえども，私たちが「日常生活の中でうけついできた豊かな内容」を一面的に定義して，その発展を妨げる資格はないであろう。そんなことをしたら，人びとが自らの数学や科学を発展させていく柔軟性を失わせることになってしまう。私たちは日常生活での豊かな発想をうけついではじめて，数学や科学を発展させるようなアイデアを生み出せるようになることが少なくないのではないか。私にはそう思われてならないから，こんなことをいうのである。

　話を面積にもどそう。面積というのは，〈一次元の量である長さ〉や〈三次元の量である体積〉とくらべて大変とらえずらい。そのことは，長さをはかるには「ものさし」があり，体積をはかるには「ます」があるが，面積をはかる簡便な道具がないのでもわかる。面積は長さや体積とちがって連続的に変形することがむずかしいからである。「長さ」や「体積」なら「ものさし」や「ます」で定義できても，面積は「面積計ではかるもの」とも定義できないのである。そこで子どもたちはよく「面積というのは〈たて〉かける〈よこ〉のことだ」とおぼえこまされるようだ。そういう子どもたちの中には「曲線でかこまれた平面には面積がない」と思っている子がいたりする。

　それなら，面積というのは日常生活の中でどのようにして必要になってきたのだろうか。日本の古代では，まず，〈班田 収授 法〉で田を公平にわけるために田の面積をはかることが問題になっている。また税の一種である「調」で布を納めさせるときに，その量を面積でとらえることが問題になったはずだ。しかし布の場合は幅をきめて，長さを指定するという方法をとっている。一方，

田の場合は「凡そ田は，長さ30歩，広さ12歩を段とせよ。10段を町とせよ」と定義している。つまり，1段＝360歩（＝平方歩）というわけで，「たて×よこ」の「積」で定義しているわけである。

それなら，ここでなぜ「1段は360歩」と定義せずに「30歩×12歩」と定義したのだろうか。これは「（30日／月）×12月＝360日」で1年の日数を示しているようにもとれる。「1歩（＝1平方歩）が1日分」というわけである。じっさい，『令義解』（833年）には上の文章のあとすぐに，「1段の地というのは，稲50束を穫る広さ」と説明されている。そしてその「1束の稲というのは舂くと米5升になる」としている。つまり，1段からは当時の単位で米2石5斗，江戸時代以後の単位にするとほぼ1石とれることになる。この時代，〈成人した男1人〉に割当てられる田の面積は2段にきまっていたから，平均2石収穫があったことになる。秀吉の朝鮮出兵のとき，兵士1人1年分の食料を米2石として運んでいる。しかし，「大人，子ども，男，女」を平均すると，日本人は1年平均1石を食べてきた。

これをみると，田の面積は「1年間に平均して1人が食べる米の収穫量をもとにして定められていた」らしいことがわかる。田を配給するとなったら，当然「そこからの収穫で食いつなぐ」ことができなければならない。だから，「収穫量で面積をきめる」というのは当然の発想だったであろう。面積というのは，もともと「タテ30歩，ヨコ12歩という面の田」をはかるのに，かけ算する「積」であると共に，その面の田に「積る」米の量ではかられるものだったのであろう。

「面積というのは，〈その面の上に米とか雪などの積もる量〉によってはかりうるものだ」と考えれば，それは体積と同じように交換可能な量となる。そして，「タテ×ヨコの積」として計算できなくても面積をはかることが可能になる。班田収授の時代に

は，田はきちんと長方形に区切られて配給されたようだが，その後できた田はむしろ長方形でないものの方が多かった。吉田光由（みつよし）の『塵劫記（じんごうき）』（1627年）などにその計算法がのるようになったのも，豊臣秀吉以来の検地のときにそういう不定形の田畑の面積をはかることが問題になったからであろう。

日本古来の田の面積のことをごたごた書いてきた。じつはそれも，こんな歴史知識が〈面積を教えるプラン〉を考える時のとっかかりにならないか，という考えがあるからである。「面積というのは，その面の上にあるものを一様に積もらせたときに，その積もったものの量ではかることのできるものだ」とでも考えて面積概念を導入したら，これまでの面積の授業とはずいぶん変わった授業を展開できるようになることはたしかである。

たとえば，「地図上のある地域の面積をしらべるのにはどうしたらよいか」と考えてみる。ふつうの数学の本にでているやり方だと，その地図を方眼紙の上に書き写してその地域に含まれる方眼の数をかぞえ，「その地域が一部かかっている方眼の数の半分を加えて面積を算出する」という面倒な操作をすることになる。しかし，「面積というのはその面に積もった何ものかの量であらわされるもの」という考えに立てば，「その地域の上に積もる紙の量（＝重さ）でその面積をはかる方法」がすぐ念頭に浮かぶことになる。

じっさいには，その地図を紙の上に書きうつして，その地域を切り抜いて，その〈切り抜いた紙の重さ〉をはかればよいわけである。「同じ紙では $1\,km^2$ の面積が何gになるか」といったこともしらべて対比すれば，かなりの精度でその面積を知ることができる。方眼の数をかぞえるのよりずっといい精度の結果がだせるのである。

「そんな面積のはかり方は，工夫としては面白くても，算数教

育の本道からは逸脱するものだ」とお叱り下さる方もあるかも知れない。だが，そうだろうか。面積というのは「正方形のます目の数におきかえて計算するのが正道」というものであろうか。それは，ものの体積をはかるのにあくまで「タテ×ヨコ×高さ」の考えをもとに計算することを要求して，メスシリンダーによって体積をはかるのを邪道とする考え方に通じはしないだろうか。メスシリンダーは「体積を長さにおきかえて測定する手段」であるが，「面積を重さにおきかえて測定する方法」も見直されていいはずである。

　もしも算数教育というものが〈計算のやり方だけ〉を教えるものだとすれば，こんな教育は邪道であるかも知れない。しかし，算数教育が「自然や社会にみられる量や数をより正しくとらえるためのもの」であるとすれば，これも見落としてはならない事柄といえよう。

●あとがき──自分の必要に応じた数学をつくれるように

　「算数とか数学の教育というものは，〈計算達者な人間〉をつくるためのものではなく，〈だれでも自分の必要に応じた数学を作れるようにする〉ことにある」と私は考えている。こんなことをいうと，「そんな高度なことは，数学者や一部の科学者だけができればいいことで，ふつうの人にはできっこない」とまゆをひそめる人がいるかも知れない。しかし，私はそうは思わない。他人の設定した問題を解くのはむずかしくても，自分で自分用の算数法則を作れば答えが簡単に出せるようになる場合がたくさんあるからである。

　じっさい，そば屋さんはそば屋さんの法則を作っているし，すし屋さんはすし屋の数学，大工さんは大工さんの法則を作っている。自分がそば屋の主人なら，代金が簡単に計算できるように定

価をきめ，値段に合わせてドンブリの質や色をかえて，ドンブリさえみればその代金が簡単に暗算できるようにできるのである。じっさい，多くのそば屋さんはそういった工夫をしているようである。「自分が自分の主人公であるような人間」は，自分の目的に合わせて計算が簡単にできるような工夫をしているのである。多くの場合，そういうことができるようになるために，とくに大切なのは「〈誤差と統計の概念〉や〈グラフの書き方の工夫〉」であろうが，今日の算数教育はその点とても弱いように思えてならない。

　もちろん私は小学校の算数教育におちこぼれている子どもたちのことを考えてこんなことを書いているわけではない。おちこぼれている子どもは，計算が達者でないかわりに，「自分で計算できるようなやり方を工夫する余地」をもっているともいえるのである。私はむしろ，「小学校時代はそんなにおちこぼれていなかったはず」の新聞記者や歴史学者，教育学者などの書くグラフその他の数量的なものの扱い方のまずさをみて，「小学校時代の算数教育がもっとしっかりしていたら」という思いをいだくことが少なくないから，こんなことを書いているのである。

〔補注〕
　　32〜37ページでふれられている「面積についての授業プラン」については，その議論の様子が愛知の松崎重広さんによって記録されていて，「演習　授業書の作り方——授業書〈広さと面積〉ができるまで／ケチのつけ方入門」として発表されています（『仮説実験授業研究』第11集，1977，仮説社）。また，そうした検討の結果，《広さと面積》の授業書が，主に松崎さんの手によってまとめられ，授業用の別刷りもできています。（取り扱い，仮説社）

大学の入学試験と〈浪人〉

イラスト:『塵劫記』より

　「最近の学生は,試験試験でおいまくられているせいか,教科書と受験参考書とばかりでくらしているようだ」とか,「最近の学生には,主体的にものを考え,一つのことを深くつっこんで研究(勉強)するという態度が欠けている」とかいうような批判が,しばしばきかれる。そして,これは多くの人びとの一致した意見であるようだ。筆者もそう考える一人である。

　もちろん,〈今の学生〉が〈昔の学生〉と比べて,欠点のみをもっているわけではない。それにしても,この問題は,単なる教育の問題ではなく,日本の科学の将来にかかわる問題として,十分検討されなければならない問題であると思う。

　〈今の学生〉が上のような欠点をもつようになった理由には,敗戦後の日本社会の変化,好景気による立身出世主義,等々さまざまな要因があげられるであろうが,それらの底に,いわゆる受験地獄,とくに大学受験勉強のあることはよく知られていることである。

　とすれば,『科学』誌上で,入学試験の問題が論ぜられても不思議なことではないと思われる。科学の歴史の上でも,Cambridge大学での〈数学トライポス試験〉が,イギリスの科学に対しては

＊初出:『科学』岩波書店,1961年8月号(vol.3, No.8,)

たしたプラスとマイナスは，科学者の間に少なからざる議論をまきおこしたことがある。ここで，日本の科学の将来を教育——入試にまで広げて考えてみてもよいのではなかろうか。

　「大学入試——受験勉強が，どのような意味をもっているか」ということについては，すべての人がそれぞれ各自の身のまわりの経験から，かなりの常識的な考えをもっている。それらの常識は，大体において正しいもののようである。しかしそれはしばしば不安定なものであり，ときには矛盾しあうものである。だから，そこから議論をはじめるわけにはいかない。そこで，この問題を考えるために，「一つの資料を提供して，議論に一つのよりどころを与えたい」というのが，この小文の意図である。

　すなわち，結論的にいうと，最近の筆者の調査の中から「〈浪人〉の受験勉強というものは，大学の学生生活の能力を高めるうえで，ほとんど役に立っていない」ということを，はっきり示していると考えられる事実が浮びあがってきたので，それについて報告し，考慮をわずらわしたいのである。

　もっとも，上の言葉には説明を要する。〈浪人〉の受験勉強は，入学試験の成績をあげるためには大いに役だつのである。ところが，そうした受験勉強によって，入試成績をあげて合格しても，「入学後の学業成績には，その入試成績の上昇がほとんど反映していない」というのである。

　これは，常識的にも想像されていることだが，はっきり事実として示されると，問題は深刻になる。そして〈最近の学生〉の勉強の態度とも結びつく重要な問題として論じられなければならないことになる。そこで，このことを示すと思われる事実を，いくらか具体的に示すことにしよう。

　筆者が，この調査において用いたのは，「一流大学」として定評のある某大学（以下A大学と記す）の教養課程理科（理・工学部

進学課程)の学生(同一年度290名)の資料である。この大学のばあい、〈浪人〉の受験者は、そのほとんどすべてが、「前年度も同大学を受験して不合格となったか、あるいは学力不足のため前年度受験をしなかった人びと」である。そこで、〈浪人〉の受験勉強の効果を分析するのに、きわめて都合がよいのである。いま「〈同じ時間にどれだけのことを理解・記憶しうるか〉という能力」を「素質」という言葉であらわすとすると、この大学の〈浪人〉合格者群は、新卒合格者群よりも、全体として「〈素質〉的におとる」といってよいわけである。もっとも、このようにいいうるためには、この大学の入試成績が、「過度に偶然的な要因によって支配されていない」ということが必要であるが、このことは多くの事実によってたしかめられる。同じような入学試験・模擬テストをくりかえしたばあい、それらの成績の間には、かなり高い相関関係がみとめられるのである。たとえば、第1図は、ある高校を卒業したA大学(理科)受験者が、高校時代にうけた数回の模擬テストの平均点を横軸にとって描いた人員分布図である。このテストで、ある水準をこえた上位群のものは、確実に新卒でA大学に合格しているし、〈中の上〉群のものの一部が新卒で、大部分のものは1浪(1年〈浪人〉)でA大学に合格し、〈中の中〉群のものの多くは1浪で、〈中の下〉群のものの一部は1浪、他の一部のものは2浪でA大学に入学したことを示している(そし

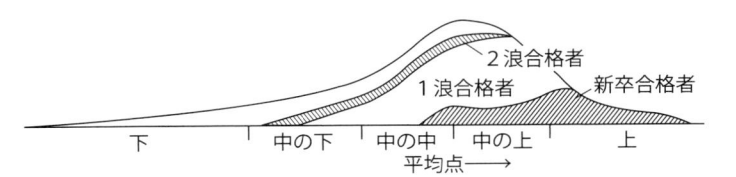

第1図 高校模擬テスト平均点と新卒・1浪・2浪の教養物理の平均点の関係 任意の入試総点前後10人の平均点を描いたもの

て、下位群のものはまったく合格の見込がない。なお、以上の関係は、高校の学業成績の平均をとってみても、ほぼ同じようになる)。つまり、「入学試験は運・不運による」というのは、この程度のものであって、一般的には、やはり「実力」がものをいうのである。そこで、このような入学試験——模擬テストをもとにして「素質」を定義するならば（新卒の下位群と１浪——とくに上位群——との優劣を論ずることはできないにしても)、全体的には、新卒群＞１浪群＞２浪群 という関係がみとめられるのである。

さて、このように〈素質の異なる学生〉も、A大学に入学するときには、みなある一定の合格線をこえて入学するので、ある年度の入学者の入試総点の平均点を求めると、それらは新卒、１浪、２浪以上の各群によらず、ほとんど同じになる。つまり、〈入学時の学力〉は群としては同じなのである。そこでもし、「入学後の学業成績が、新卒、浪人の別によってほとんどかわらないとすれば、入学後の成績は、〈学力〉によってきまる（つまり、浪人中の受験勉強は意味があった)」ということになるが、そうでないとすれば、その原因を考えなければならない。

	総合点	化 学	物 理
新 卒	75.5 (4.6)	73.7 (8.7)	75.5 (9.5)
１ 浪	74.3 (4.8)	71.1 (8.8)	71.6 (10.1)
２ 浪	72.4 (4.4)	67.6 (8.9)	66.9 (11.1)
全 員	74.4 (4.8)	71.5 (9.0)	72.3 (10.5)

第１表 教養成績の浪人度別平均点
（　）内は標準偏差

それでは実際にはどうか、というと、第１表のようになる。すなわち、物理、化学、総合点のいずれをとってみても、その教養課程１年半の成績の平均点は、新卒群（105人）＞１浪群（141人）＞２浪群（２浪以上を含む）(45人)になっており、その間にいちじるしい差がみとめられるのである。これらの差は、統計的な偶然と考える

には，あまりにも大きい（有意水準1〜5%で差ありといえる）。

これは，何故であろうか。この答えとしてまず考えられるのは，先の「素質」である。そこで，〈教養課程の成績〉をきめるのに「素質」と「入学時の学力」とのそれぞれが，どの程度比重をもっているかを考えてみなければならない。

そこで，新卒，1浪，2浪の各群ごとに，入学時の入学試験得点によって，教養課程の成績がどのように変化するかをしらべると，第2図のようになる。つまり，それぞれの群がかなりはっきりと上位群，下位群に分れることがわかる。この結果を，さきの第1図と対照して考えると興味ぶかいであろう。というのは，この結果は，第1図で示された「素質」の順序と，かなりよく対応しているからである。そしてこのことは，教養課程の物理の成績は〈入学時の学力〉よりもむしろ〈素質〉によってきまる——つまり，「〈浪人〉の受験勉強はほとんど役だっていない」と考えられることを示しているのである。下の図は，物理のばあいだが，化学をとってみても，この結果はおどろくほど一致する。そこで，

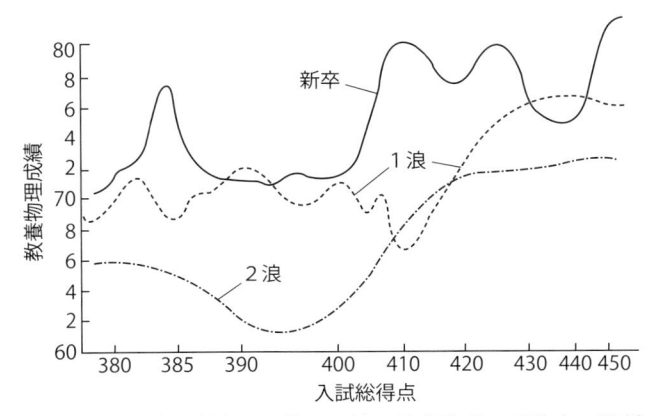

第2図　入試総点と新卒・1浪・2浪の教養物理の平均点の関係
　　　　任意の入試総点前後10人の平均点を描いたもの

「これはかなり一般的なものである」と考えることができる（総合点のばあいには，1浪と新卒の差はかなりちぢまり，「素質」の役割は，いくらか減少する。これも興味ぶかい事実だが，ここでは論ずる余裕がない）。

上の議論は，かなり定性的なものだが，これをもう少し量的に説明しよう。そのために，1浪および2浪合格者の入試総点から，a および b 点だけ減点して，全員の入試総点と教養成績と相関係数が最大になるようにすることを考え，a，b の値を計算し，それだけ減点したばあいでもなおかつ合格点以上になるものの数のパーセントをしらべると，その結果は第2表のようになる（相関係数が小さいのは合格者だけのデータであることによる）。

	1 浪		2 浪		相関係数	
	a(減点)	適格者	b(減点)	適格者	減点前	減点後
物 理	32.3	36%	55.6	18%	0.26	0.42
化 学	29.3	41	54.0	18	0.23	0.36
総 合	18.9	56	41.9	20	0.31	0.38

第2表

すなわち，これは「〈新卒者と同程度の教養成績を期待しうるような学生〉を，1浪，2浪の合格者の中からえらぶためには，1浪から19～32点，2浪から42～56点の減点をしなければならない」ということを示しているのである。そして，第1図の中の〈浪人〉合格者の中から，このばあいの適格者を上位からとるとすると，ほとんど新卒合格者の最低点のものより上位のものばかりになってしまうであろう。つまり，こうした減点をしてもなおかつ合格することができる〈浪人〉は，新卒時に「運わるくして不合格になった」と考えられるような人びとなのである。

以上，筆者の用いた資料は決して数多いものではないので，今

後さらに多くの資料によってしらべられなければならないが，それでも，これは考慮されるべき重要な問題を示唆しているといってよいであろう。とくに「2年〈浪人〉の受験者」は，新卒者とくらべて，圧倒的な劣勢をしめしているのである。この理由は，あるいは「素質」のちがいではなく，「〈浪人〉生活を長くした」というそのことによるのかもしれない。しかし，そうであれば，これまたさらに重要な問題をふくむことになる。要するに，「同じことの反覆練習を，1年も2年もやる〈浪人〉の受験勉強は，（A大学のような場合）大学入学のための資質を高めるためではなくて，大学入学の条件をかちとるためだけの非生産的な勉強なのである（もっとも，〈浪人〉は新卒者よりも，大学の与えられた勉強以外の自主的な勉強や運動にはげんでいるのだろう，という考えも成立しうるが，そのようなことは，ほとんどいえそうにない）。この非生産的な受験勉強の習慣が，さらに，大学入学後も何らかの形でもちこまれているとしたら，これはやはり考えなければならない問題であろう。

〔付記〕

　この研究の結果は，「入学試験を〈競争試験〉から〈資格試験〉に変えて，ある程度の学力をもっている受験者は全員合格させてしまったほうがよい」という対策をとることによって，政策的に生かすことができる。そうすれば，無駄な受験勉強のロスを減らせるのである。

古代以来,〈日本人の成人の総数〉と〈読み書きできる人の総数〉

イラスト:『塵劫記』より

　大化の改新(645年)以来,今日まで1350年ほどになりますが,その間に日本に生まれ育った人の総数はどのくらいだと思いますか。昔はとくに幼児死亡者が多いので,「少なくとも20歳をこえた成人になった人たちだけの数」をかぞえることにします。つまり「日本で20歳以上の成人になった人の亡霊と現在の人全部に集まってもらったら,何人ぐらいになるか」というわけです。参考までに,現在の日本の総人口は約1億2000万人で,20歳以上の成人は約8000万人です。

〔問題1〕
　〈大化の改新〉以来,今日までの日本で,20歳以上の成人になった人の総数はどのくらいだと思いますか。
　予　想　ア.　3億人
　　　　　イ.　10億人
　　　　　ウ.　30億人
　　　　　エ.　100億人
　　　　　オ.　その他

＊初出:『たのしい授業』1983年7月号(No.4)／9月号(No.6),仮説社

〈日本人成人の総数〉〈読み書きできる人の総数〉　47

〔問題2〕
　日本人が漢字を利用して日本の言葉を書きあらわすようになったのは，5世紀のことだといいます。日本の20歳以上の成人で，まがりなりにも読み書きのできた人の総数は，5世紀以来合わせて何人ぐらいということになるでしょう。現在の成人はほぼ全員が字を読み書きできるわけですが……。
　予　想　ア．2億人
　　　　　イ．5億人
　　　　　ウ．10億人
　　　　　エ．20億人
　　　　　オ．その他

　以上の文章は『たのしい授業』1983年7月号に「懸賞問題」として掲載したものです。そして，同誌の9月号には，以下のような「計算法とその概算の結果，およびその結果のもつ意義」についての解説をのせました。

〔1〕古代以来の日本人成人の総数？

　「大昔から今日まで，日本に生まれ育って成人に達した人の数は全部で何人ぐらいか」などという問題を考えて，いったい何の役に立つかという人もあるでしょうが，まずはパズルの問題と考えてつきあってください。
　「昔から今日まで，そのときどきに日本に生活していた人の数はおよそどのくらいか」という問題は，日本人の経済生活の歴史をしらべるのに大切です。そこで，その数はこれまでかなりよく

しらべられてきました。そこで今では,「同じ時代の人口の推計」が学者によって2倍以上の差があるなどということはなくなっています。私の書いた『日本歴史入門』（仮説社）という授業書は,そのような人口研究の成果の上に立って日本の歴史を大きくとらえなおそうとしたものでした。

　ところが,「大化の改新の時代から今日まで日本で成人に達した人の数は全部で何人ぐらいか」といったことは, これまで誰も計算した人はいないようです。多くの人びとにその考えをきいてみても, みんな答えに窮してしまうのがふつうです。現在の日本には1億2000万人ほどの人びとが生活しているのですから, 大化の改新から現在までの「1338年の間にはその10倍から100倍近い人が生まれて死んでいったのではないか」などと, はっきりしないのです。

　この問題, ただぼんやり考えると,「100億人, いや, それ以上かな」などと考えられやすいのですが, 少し考えてみると,「そんなに多くはなさそうだ」ということがわかってきます。それならこの問題, かなり正確な計算をしようと思ったらどのようにすればよいのでしょうか。いや, そんなうまい計算法があるのでしょうか。

　じつは私, 中学生時代にも同じような問題を考えたことがあったのですが, うまい計算法をずっと考えつきませんでした。それでも『日本歴史入門』の授業書を作っている間に何とか概算をして「10億人以下」という答えを出したのですが, すっきりしませんでした。

　しかし, じつはこの計算は簡単にできるのです。それで最近になってやっと「約4億人」という答えを出せるようになりました。

　多くの人と同じように, 私もはじめは一世代の年齢幅とか平均寿命とかを考えて計算しようとしました。しかし, そういうこと

を考えるとむずかしくなります。じつはこの問題は,「毎年20歳で成人式を迎えた(ような)人の数」を加え合わせていけば簡単に求められるのです。

　明治維新(1868年)以後については,毎年の20歳の人口をグラフに描いてその総和を概算するという方法がとれます。そうすると,その総和は約1億4000万人と計算できます。

　江戸時代以前については毎年の20歳の人口は分かりません。しかし推定はできます。

　いろいろな経済状態のいろいろな国の人口ピラミッド(年齢による人口分布図)をみると,「三角形型」とか「四角形型」とかいろいろあります。ところがどんな人口ピラミッドでも,総人口に対する20歳人口の割合はあまり変わらず,1/60前後と見てよいのです。もし,その法則が江戸時代以前の日本の人口にもあてはまるとすると,人口3000万人のときの20歳人口は50万人となります。そこで江戸時代後半(1720〜1868年)の約150年間に20歳になった人の総計は7500万人となります。江戸時代前半(1600〜1720)には人口が1200万人から3000万人に増大したとすると,20歳人口は120年の間に20万人から50万人に増大したことになり,総数はせいぜい5000万人となります。つまり,「江戸時代の約270年間に20歳に達した人の数は,合計1億2500万人くらい」ということになります。明治以後115年間の数とほとんど同じくらいです。

　それなら,大化の改新(645年)から関ヶ原の合戦(1600年)までの955年間の成人到達人数はどうでしょう。この間に総人口が600万人から1200万人にふえたとすると,毎年成人に達した人の数は10万人から20万人にふえたわけです。そこで955年間,平均して「14万人／年」の人が成人に達したとすると,総計約1億3000万人となります。おもしろいことに,「江戸時代の人数」や「明治以後の人数」とほとんど同じです。

そこでこの3つの数を加えると,合計が約4億人ということになるわけです。

ついでにこの計算を拡張して,「日本列島にはじめて人類が住みついたときから,大化の改新までの日本人(成人)の人数」に及ぼしたらどういうことになるでしょうか。鬼頭宏著『日本二千年の人口史』の13ぺの表によると,「縄文時代の早期の人口は2万人,前期10万,中期26万人,後期16万人で,弥生時代は60万人」と推定されているそうです。これでは平均のとりようもありませんが,「人口18万人(20歳人口0.3万人)という時代」が3万年つづいたとしても,9000万人にしかなりません。そこで「日本列島はじまって以来,日本で生まれて20歳に達した人の総数」は「たかだか5億人」ということになります。

その5億人と,現在の日本の総人口1億2000万人とをくらべると,「今日の人口がいかに多いか」ということがわかります。「現代の人類はとてもゼイタクになって,エネルギーその他の資源をとても大量に消費している」といいますが,「1人当りの消費」が急速にふえているだけでなく,「人口そのもの」が猛烈なふえ方をしていることも考えに入れなくてはならないのです。

さて,こう考えてくると,「この問題の答えはいろいろなことを私たちに示唆してくれる」といえないでしょうか。たとえば,「歴史の授業に配当する時間数を,その時代に生きた人間の数をもとにして振りわけることにすると,〈古代・中世〉と〈近世〉と〈近・現代〉に,それぞれ同じくらいの時間を配当するのが妥当だ」などということがいえたりするわけです。「数にあまりこだわるのは疑問だ」という考えもあるでしょうが,「一度はこんなことを考えてみてもよい」と思うのです。

* * *

なお,この問題の懸賞アンケート応募者の回答分布は次のよう

になっています。

　　ア．　3億人　——　58人
　　イ．　10億人　——　94人
　　ウ．　30億人　——　89人
　　エ．100億人　——　39人
　　オ．その他　　——　7人

「エ．100億人」という人が少なくて，「ア．3億人」という人がかなりの数いますが，これは「本誌の読者が一般の人びとよりもよりよくこの問題を考えてくださった証拠」といえると思います。一度まわりの人びとに同じ問題を出されて，話しあって見ることをおすすめします。

〔2〕読み書きできた成人の総数は？

「大化の改新以来の日本人（成人）で，まがりなりにも読み書きができた人の総数はどのくらいか」というと，「その数は2億人に達しない」ということは明らかです。明治維新以後成年に達した人は100％読み書きできたとしても1億4000万人です。江戸時代の人は大目にみて30％できたとすると3750万人，古代・中世の場合，大目にみて10％とすると1300万人。「合計で1億9000万人余」となるからです。アンケートの回答分布は

　　ア．　2億人——180人
　　イ．　5億人——　59人
　　ウ．　10億人——　19人
　　エ．　20億人——　18人
　　オ．その他——　11人

となっていて，かなりいい線いっているといえると思います。前

の問題で「日本人（成人）の数を10億人」と予想した人の大部分も，この問題では2億人を選んでいるので正答率がうんと高くなっているのです。

*　*　*

　大化の改新以来，明治維新のときまで，日本で20歳をこえた人の数は2億6〜7千万人でした。「その人びとはみな日本語を話し聞くことができた」といっていいわけですが，「日本語を読み書きできた人」となると，そのうちのごく一部の人，せいぜい5千万人だけだったわけです。ところが，明治以後教育が急速に普及し，いまでは成人のほぼ100％が読み書きできる状況になっています。その数は約1億4000万人，20歳以下を含めた現在の人口1億2000万人を少し上まわる数になっているわけです。

　日本語は大化の改新のころにはすでに文字に書かれるようになっていました。日本語の表記に「古い伝統をうけつぐこと」に郷愁を感じたり，「論理的首尾一貫性」に注目するあまり，「昔のむずかしい漢字や古いカナ使いを復活させようと試みる人」もいます。しかし，日本語表記の歴史がいかに長くとも，「昔の表記法はごく一部の特権階級の人びとだけのものであった」ことを忘れてはならないでしょう。明治以後，日本人は学校教育を大幅に普及させるだけでなく，日本語の表記法も思いきって改革することによって，はじめて「文盲」をほぼ完全になくすことに成功したといってもよいのです。

　言語表記だけでなく，他の多くの問題でも「古い伝統をどれだけそのまま受けつぐべきか」「古いしきたりをどれだけ合理的・民主的に変えていったらよいか」ということがよく問題になります。そういうとき，「古い伝統の長さ」を問題にするだけでなく「それにかかわった人数」をも問題にしようとするとき，今回の問題が一つの有力な手掛りを与えてくれると思うのですが，どう

でしょうか。

　じつは私は今回の問題の答えを知って,「私たちは,いまの日本に生きている人びとや,これからの日本に生きる人びとのために,〈もっと大胆な改革を考えてもいい,いや,考えなくてはいけない〉のではないか」という想いを新たにしたのです。それはあまりにも数にこだわりすぎる発想なのでしょうか。

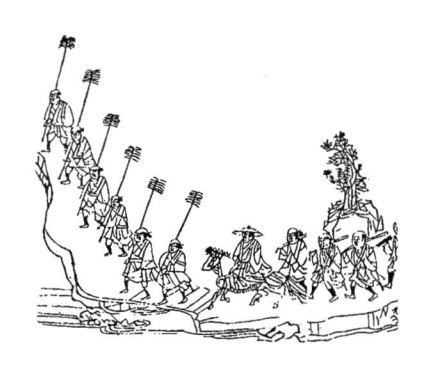

二宮尊徳と数学

――数学というもの，グラフというものの役立ちかた

イラスト：『塵劫記』より

●日本で最初の「量率グラフ」

　本書のカバー裏に印刷されたカラフルなグラフを見てください。これは二宮金次郎＝尊徳が1823年（文政五年）に書いたもので，『二宮尊徳全集』[*1] 第10巻の826ページから再録したものです。

　このグラフは，近ごろ私たちの間で話題になっている「量率グラフ」（量とその比率を同時に見ることができるグラフ）の一種です。日本で最初に描かれた「量率グラフ」といってよいかもしれません。「江戸時代にはこんなグラフが描かれることは全くなかった」といってよいと思うので，これは大変すすんだ「唯一の例外」といってよいものです。そこでここに紹介しようというのです。

　それでは，このグラフは何を表わしているのでしょうか。また，二宮尊徳は「どうしてこんなグラフを作った――作りえた」のでしょうか。

　このグラフは，まず「タテヨコ10目盛りずつの方眼」を作ることからはじまっています。尊徳は，この図の他にも同じような正方形グラフと円グラフをたくさん作っています。尊徳が今の方眼紙をみたら「ずいぶん便利なものができているんだねえ。私のころは一本一本線をひくので，タテヨコ10目盛りの方眼を作るだけ

　＊初出：『たのしい授業』1984年6月号（No.15）仮説社

で精一杯だったよ」とでもいうところでしょう。

　さて，この方眼紙のマス目は100あります。このグラフの場合，その全体が下野国（今の栃木県）にある通称「桜町領」という農村３カ村の田畑の石高（標準収穫高）4109.118石を示すようになっています。そのうち朱文字で書かれているのが米を生産する田です。タテに引かれた朱線でもって，全石高の6.1割ほどが〈田〉で，のこりの3.9割ほどが〈畑〉であることがわかります。図の横に書きこまれている数字によると，「高4109.118石，うち田方2524.231石（61.43%），畑方1584.887石（38.57%）」です。

　さて，今度はこのグラフに横にひかれている一本の朱線に目をやりましょう。一部分は色分けもされています。上４割弱には「公田／公畑」，下６割強には「私田／私畑」と書かれてありますが，これは年貢率を表わしているのです。つまりこのグラフだと，「ほぼ〈４公６民〉で，田畑の収穫のうち６割弱が〈私〉──つまり農民のもの」ということを表わしているのです。（実は田だけでいうと〈年貢率〉は44.38%ほどになるのですが，畑のほうは年貢率が30.52%ほどなので，その平均をとっているのです）

　さて今度は，田・畑ともタテに２つに区分している朱線に着目してください。その朱線の左側は「荒地」，右側は「生地」と書きこまれていて，左側の「荒地」の部分は，「田・畑」や「公・私」の区別なく同じ色でぬられています。これはどういうことだか分りますか。

　じつは，この「桜町領」という農村は，江戸時代中期以後疲弊して，「田畑もその半分以上が荒れ地となっていた」というわけです。どうしてそんなことになったのかというと，農民の数が減ってしまったからです。1700年ころには農家が433戸あって，人口も1900人あまりいました。それなのに，1821年には，156戸732人となり，３分の１近くにまで減ってしまいました。そこで，

「せっかくの田畑も耕し手がいなくなって,半分以上が荒れ地に後もどりしてしまっていた」というわけです。私たちは「田畑さえあれば作物がとれるもの」と思いがちですが,農民の数が減ってしまえば,当然,田畑も荒れて,作物もとれなくなってしまうのです。

じつは,二宮尊徳はそのように荒れはてた農村を復興することを頼まれて,このグラフのもとになる資料をととのえ,さらに「その状態が一目で見やすいように」と,このグラフを作成したというわけです。そして結局,二宮尊徳は,〈この桜町領の領主宇津家の本家にあたる小田原藩主〉の頼みによって,この村に住みこんでその復興事業に全力を投入することになったのです。

こういう情況をふまえてこのグラフを眺めてみると,このグラフがどのように役立てられたか,いろいろと想像することができます。

● 領主を説得するために

裏表紙のグラフは読みにくいので,以下では私が現代的に書きかえたグラフで説明しましょう。

二宮尊徳は,はじめこの村を視察したとき,こう考えました。

「この村は荒廃以前4000石あまりの石高があったというけれど,そんなにとれるはずがない。それなのに領主は〈石高4000石の4割〉とい

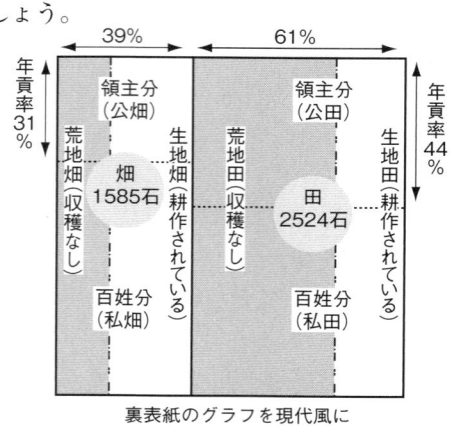

裏表紙のグラフを現代風に描き直したもの

うようにきびしく年貢をとりたてていたので，村が疲弊してしまったのだ」

というのです。そこで尊徳は，領主に

「荒れ地が全部復旧しても，高4000石の4割もの年貢をとってはいけません。そんなことをしたら，村はまた荒廃してしまいます。だから，全農地が復旧しても，その石高の3割におさえなさい。それでも，ほらこの通り，年貢の収量は今の2倍以上にふえることになるではありませんか」

といって，かけあったのです。上のグラフはそのような説得活動をするのにとても使いやすくできているわけです。

二宮金次郎は，領主がその条件を了承すると，今度は

「100年以上もの昔は，年貢米が毎年3000俵もとれたといっても，ここ10年は1005俵余りしかとれなくなっているわけですね。それなら今後10年間も，〈毎年1005俵の年貢しかとれないもの〉として，財政を切り詰めてくださいますか。そうしたら，私はその間に村を復興させて，今の2倍ほどの米がとれるようにして差し上げましょう。そのかわり，その10年間にとれた年貢のうち1005俵をこえた分は，全部，村の復興事業費として使わせていただきたいのです」

と交渉したのです。

「村が復興しても10年間は領主の収入を凍結する」というような条件は，領主にとってそう容易にのめるものとは思えないことです。では，その交渉の結果はどうなったでしょう。

領主だって，100年の間，何もしてこなかったわけではないのです。無理に年貢をとりたてたりすると，農民は村を逃げだしたり，ちょっとした不作でも餓死して死に絶えたりします。そして先行き不安のため「間引き」といって，生まれたばかりの子を殺してしまうので，人口は減るばかりです。そこで，資金を準備し

て他領から農民を招き，補助金をあたえて荒れ地の開墾をさせたりもしたのです。ところが，「その資金がいつ回収できるか」となると，お先まっ暗。せっかく連れてきた農民に持ち逃げされることも少なくありません。そんなぐあいで，何をやっても農民の数は減るばかりで，それが「荒れ地の増大，年貢収入の減少」という結果となってきたのです。

「百姓はおどしてもすかしてもダメ」というわけで，領主もその家来の武士たちも，まったくのお手上げとなっていたのです。校内暴力に悩む中学校の先生方が「おどしてもすかしてもダメ」とお手上げになる状況と似た状況になっていたわけです。

「武士が村の復興を農民に頼みこむ」というのは，ふつうでは考えられないことです。しかし，領地の管理にまったく自信を失っていた領主は，とうとうあらゆる条件をのんで，二宮金次郎に農村復興を頼みこむことになったのです。

● 勤勉であることの楽しさを教えた尊徳

ふつう，二宮金次郎というと「修身教科書の中の人」といったことしか知られていません。「貧乏な農家の生まれで，たき木を背負って歩きながらも本を読んで勉強した勤勉家」というイメージだけしか残っていないのです。

しかし，二宮尊徳の本当の偉さは，「たき木を背負って本を読んだ」その勤勉さにあるわけではありません。貧しい百姓の出でありながら，大名や旗本たちから農村の復興を頼まれ，しかもその仕事を見事になしとげたことにあるのです。

それなら，二宮尊徳は，どうして大名や旗本やその家来の武士たちがサジを投げた農村の復興をなしとげることができたのでしょうか。そのことを明らかにするのはこの文章の目的ではないのですが，要点だけはお知らせしておく必要があります。そうしな

いと，先のグラフが生まれた事情がわからないと思うからです。

「二宮尊徳は農民出身ですから，武士たちよりもずっとよく農民の生活や心理を知っていた。だから彼は，領主たちの手先となって農民たちを巧妙に欺いて，働かせたり年貢をとりたてることができたのだ」と考える人もいるようですが，私にはそうは思えません。

二宮尊徳は農民たちに，勤勉に働くようにすすめました。しかし人間というものは，いくら「勤勉に働け」とお説教されても，それだけで勤勉に働くようになるものではありません。「勤勉に働けば楽しいことがある，いいことがある」と思えなければ，誰も勤勉にはなれません。「いくら働いたって，みんな領主にとりあげられるばっかりだ」としか思えなければ，勤勉になんかなりません。金次郎が桜町領に入ったとき，その村の大部分の人はそう考えていたのでしょう。そこで，〈年貢のかからない賃労働で金をかせぐこと〉ばかりに熱心で，農事に熱を入れなかったのです。そして，生活の高さに望みがないためにバクチをやったり，酒におぼれ，たえず争いごとをして，盗みや殺傷ざたも珍しくなくなっていたというわけです。これは，〈興味のもてない勉強と形式的な生活指導〉によって学ぶ意欲を失った中学生が非行に走るのと似ているといえるでしょう。

そんな百姓たちにいくら修身教育じみたお説教をきかせても，反発されるだけにきまっています。二宮金次郎が成功したのは，「農民たちが働くことの楽しさを身をもって感じられるようにすることに成功したから」といってよいのです。そのために金次郎は，自分が領主側の人間でなく，百姓の側にたって領主の過酷な収奪を抑える力量をもっていることを信用してもらわなければならなかったはずです。

金次郎の名が高まると，彼は村の百姓一同の要請をいれて，そ

の復興事業に力を貸したこともありましたが，そんな村では一度村が復興すると，「領主がまた無茶な収奪をするなどして再び村が衰退する」ことなどもあったようです。しかし，彼が領主から依頼をうけて村の再建をしたところでは，彼は領主の生活をきびしくチェックして支出を減らさせ，その財政を立て直すことまでもやったので，過酷な収奪をくりかえさせるということはなかったようです。

●経済統計資料の宝庫

　二宮尊徳の農村復興事業に少し深入りしすぎたかもしれません。そこで，ここらで先のグラフに話をもどしましょう。

　領主の立場に立つと，「年貢収入をふやすためには，年貢率をあげるのが一番よい」というようにも思えます。しかし，村が荒廃して，せっかくの田畑が荒れ地になってしまうようなら，年貢率引き上げはかえって自分の首をしめることになってしまうのです。率を上げるよりも，年貢の総量をいかにふやすかが問題なのです。先のグラフは，そのことが一目でわかりやすいように作られているのです。

　このようなグラフは，「誰かが誰かを説得するとき」にもっとも役にたつのです。「説得のいらない社会——ただただ従わせるだけの社会」では，こんなグラフはいりません。そう考えてくると，「百姓の分際でありながら領主の年貢徴収に制限を加えることを納得させることができるような立場にあった尊徳」にして，はじめてこのようなグラフを作ることができたことを理解できるでしょう。「このグラフは一種の民主的な人間関係があってはじめて生まれ出ることができた」ということになるわけです。

　それにしても，二宮尊徳という人は，誰からこういうグラフを書くことを教わったのでしょうか。私は，おそらく「誰からも教

えられずに，自分で考えだしたにちがいない」と思います。はじめにも書いたように，「江戸時代には他にこんなグラフが書かれたことは全くない」といってもよいのですから，誰もこんなグラフの書き方を教えてくれる人はいなかったからです。

じつは二宮尊徳という人はとても数学好きグラフ好きで，先に引用したグラフのほかにも，方眼グラフ・円グラフをたくさん書いているのです。そして，「経済の問題を，長年の経済統計をもとにして綿密に考察することの重要性」をいち早くつかんでいたのです。彼の農村復興の計画がいつも着実な成果をあげえたのは，彼がたんなる精神主義者でなく，「膨大な数量的なデータを集めてそれをもとにして着実な計画を立てたからだ」といってまちがいないのです。

じつは私がはじめに『二宮尊徳全集』をひもとくように動機づけられたのは，（当時連載執筆中の）「歴史の見方・考え方」[*2]の基礎資料となるような長期経済統計をさがしているうちに，『二宮尊徳全集』にそういう資料がのっていそうだ，と気がついたからでした。ところが，国立教育研究所の図書館で膨大な『二宮尊徳全集』を目の前にして驚きました。各巻1400ページ前後，厚さが7cmもある本が，何と36巻もあるのです。そしてその本の内容はと見ると，修身的なお説教の話はさがすのが困難なほどで，「ほとんど全巻，経済統計資料でうめつくされている」という感じなのです。そしてそのページをめくっているうちに，私のさがし求めていたすばらしい経済資料をたくさん見出すことができただけでなく，先に引用したようなグラフがいくつも出てくるのに目を見はったというわけです。

その後私は，たくさんの二宮尊徳の伝記類をひもときましたが，尊徳の書いたこれらのグラフを引用したものを見出すことはできませんでした。二宮尊徳の伝記の中には，「尊徳はダーウィンよ

り何年も前に進化論を唱えていた」などと書くものがあっても,彼の書いたグラフのすばらしさ,独創性に目をつけたものは全くないのです。

　二宮尊徳は経済統計資料を大切にして,膨大な文書を書き残しました。そしてそれらのもっとも重要な部分をグラフに書きあらわしたり,グラフ的なイメージでとらえようとしたりしました。だから彼には,自分がとり組もうという農村の姿が他の誰よりもはっきりとらえられていたといってもよいのです。それが彼の農村復興事業のもととなったことは疑いありません。

*

　本書のカバーには,尊徳の書いたもう一つのグラフを紹介してあります。これは,「米が10月,麦が5月に100石ずつ収穫されてから毎日毎日一様に食べて消費していったときの毎月の残量の変化」を見やすいようにグラフにしたものです。「時間変化をもとにした1次関数のグラフ」といってもよいものです。

　このグラフも先のグラフと同じ「宇津家・為政 鑑 御土台帳」（文政五壬午年）という文書に綴じ合わされているものです。この文書は,全部で9つの図があって,「各図の欄外に数字と計算結果が書き添えられているだけ」のものです。「グラフと計算を見ればくわしく説明するまでもない」という形の文書なのです。

●着実な人生は確実な法則を知るところから

　もしかすると,読者の中には尊徳の書いたグラフのようなものを読みとるのが苦手で,そういうグラフを見るとやたらにむずかしいものと思いこんでしまう人がいるかもしれません。それは「これまでの数学教育の成果」なので仕方ないのですが,松崎重広さんの「量率グラフ」（『たのしい授業プラン社会』仮説社刊）等の記事をていねいに読んでいただくと,こういう量率グラフのす

ばらしさを納得していただけると思います。グラフというのは，「役に立ちそうなグラフを自分でたくさん書いてみて，はじめてそのすばらしさが分かる」ともいえるのです。松崎さんの文章は，そういうグラフを書く意欲をおこしてくれると思うので，数学嫌いグラフ嫌いの人に，とくに読んでほしいと思います。

しかし，そうはいっても，尊徳のグラフだけを見た人は「尊徳という人は数学ができるだけに，ずいぶんむずかしいことを考えていたんだなあ」とばかり思ってしまう心配があります。じつはそうではないのです。

ひとつ，次の文章を読んでみてください。『二宮尊徳全集』第1巻の934〜940ぺにのっている二宮金次郎の「米金銭・三種配当有定鏡」（1844年改訂）という文章からの引用です。（漢字などは現代風に読みやすくしてあります）

「今ここに銭1貫文あるとき，うち100文使えば残銭900文となる。200文使えば残銭800文となる。300文使えば……」

馬鹿丁寧というか，こういうときでも尊徳は，けっして「以下同じ」などといって途中をはしょることはしません。そして「400文使えば」「500文使えば」……とやって「1貫文使えば」というところまで完全に繰り返して，最後に，

「これすなわち天道自然なり。よくよくこの理を明弁いたし申したく候こと」

というのです。

そればかりではありません。彼はこの後すぐつづけて，次のようにも書くのです。

「今ここに元銭1貫文のうち，100文使えば残銭1貫文あることなし，また，800文と減ずることなし。はたして正銭900文となり，あるいは元銭1貫文のうち200文使えば残銭900文あることなし，また700文と減ずることなし。はたして正銭800

文となる。あるいは……」

　もういいでしょう。金次郎は途中を省略することなく，うまずたゆまず話をつづけて，最後に

「あるいは元銭1貫文のうち1貫文使えば，過不足なく，はたして残銭あることなし。これすなわち天道自然なり。よくよくこの理を明弁いたし申したく候こと」

としめくくります。

　「〈数学的な法則というものはどこまでも確実なのだ〉と教えること，それが人びとの生き方につながる」――尊徳は，そう考えていたのです。

*

　自然の法則性といえば，尊徳はまた，こういう話を書き残しています。

「今ここにひとりの人民あり。飲食して身命を保つといえども，一度は喰い，一度は減り，飲食するより先なるはなく，順なるはなし。食うより食い重ぬること能わず，減るより減らし重ぬること能わず。もし止むを得ざることして喰うより喰い重ねるときは，宿食腹満して病を生じ，果して身体を保ち難く，喰わずして断食重ねるときは，果して飢渇におよび，身命を保ち難し。人みなみな銘々疑いなし。いつの昔飲食はじまりてより以来，今日ただいまに至るまで，たとえ寿命の長短・死亡の遅速ありといえども，一度は喰い一度は減らし，飲食に身命を保つより先なるはなく順なるはなし。これすなわち天理自然なりと知るべし」

というのです。この話にも尊徳はたくさんのバラエティーを作っています。〈呼吸するときだってはく息と吸う息とを交互にくりかえさなければ死んでしまう〉というような話です。

視野を広げる数学教育を

二宮金次郎＝尊徳（1787〜1856）という人は，教育の世界ではこれまで「修身・道徳教育」だけで知られていました。しかし，じつは数学教育・科学教育・社会科学教育の上でも大いにとりあげられる余地があるわけです。

しかし，私は何も二宮金次郎を持ち上げたい一心で，「その数学にも注目に値するところがある」といっているのではありません。たしかに二宮尊徳という人は偉い人ではありますが，当然のこととして限界があります。ただ，そういうくわしい話は，おいおい「歴史の見方・考え方」の中でとりあげていきたいと思うのです。ここでは二宮尊徳の仕事を例にとって，「数学というもの，グラフというものがどのようにして作られ，役立てられてきたか」ということを考えてみたかったのです。

＊＊＊

それにしても，今の学校の中での数学教育はどうでしょう。子どもたちにとって，いや親たちにとってさえ，どんな役に立ち得るか見通しのきかない数学教育が押しつけられていて，たくさんの数学嫌いを作り出しているのです。

数学教育を卑近な生活の中に役立てられるようにすることだけが問題なのではありません。卑近な生活の中では役立つことがなくても，すぐれた学問には「自然や社会や人間の可能性に大きな視野を広げさせてくれるすばらしさ」があるはずです。そしてそういうものを教える授業は，確実にたのしい授業になり得ます。数学教育でも，子どもたちがたのしいと思えるような授業を開発する余地は，大いに残されているのです。

＊1　『二宮尊徳全集』1928年初版，龍渓書舎1977年復刻発行。
＊2　本文執筆時に連載中だった「歴史の見方・考え方」は，現在，『歴史の見方考え方』仮説社，1986年，として発行されている。

日本（中国・朝鮮）における
ゼロの概念とその記号の歴史
―― 「無」に関する大風呂敷的な教育談義

イラスト：『塵劫記』より

● はじめに

　長い間、「〈ゼロの発見の歴史〉といったものをまとめておきたい」と考えてきました。『零の発見』という本なら、数学者の吉田洋一さんの書いたものが岩波新書にあります。その本（1939.11月刊）は名著の一つとされていて、私もずっと前に読みました。しかし、その本をはじめて読んだときからか、それからかなりたってからのことか記憶がはっきりしないのですが、私はその本に不満なのです。その本にはどんなことが書いてあったか、今ではほとんど思い出せないのですが、その本には、西洋数学史の中での「０の発見史」だけしか書いてなかったと思います。

　いや、その本の中では「アラビア人やインド人が０を発見して数字の位取りの原理を発見した歴史」が書いてあったはずです。そういう点では、「東洋のことが中心になっている」とも言えるのです。しかし、その本は、「インド人やアラビア人の発見が中国人や朝鮮・韓国人にどのようにして伝わって、どのようにして日本にまでやってきたか」といったことについては、まるで書いてなかったような気がします。そんなことをいうと、「いや、インド数字での〈０〉はアラビア数字をへて、西洋の算用数字にな

＊初出：『たのしい授業』2001年１月号（No.234）仮説社

って，日本や中国にも伝わったのだ。インドやアラビアから直接中国に伝わりはしなかったのだから仕方がないのではないか」という人がいるかもしれません。

　しかし，そんなことは私にはなかなか信じられないのです。だってそうでしょう。古代インドで生まれた仏教は中国に伝わっているではありませんか。

　最近の私は，「私がというか，私たちが日本人である」ということをとくに強く意識するようになっているようです。私は，中学生のころまで極端な民族主義・国家主義の教育を受けて，中学3年のときに敗戦を迎えました。そこで私は，どこの国のものにせよ，極端な民族主義には強い嫌悪感を感じざるを得ません。しかし「人びとが時として極端な民族主義に走る結果になるのは，時として正当な民族的な利便まで捨てて，他国に迎合ばかりする風潮に強く反発するからでもある」とも思っています。そこで私は，自分が小学生時代に教えられたままに，「日本語を使って生活している人びとは，桁数の多い数字を表記するときは4桁区切りでコンマを付すべきだ」などと考え，実施しつづけているのです。そのような考えは，たとえ，「もともとは〈鬼畜米英打倒〉の時代にはじめて強く主張され，教育されたものだ」としても，そのような「日本人としての合理主義の教育の成果」まで捨ててはならない，と思っているのです。

　その勢いをかりて私は，地球や空気の認識の歴史を説くのでも，「西洋人がいかにそれを認識してきたか」ということを説くだけではなく，「日本人大衆がそれをどのように認識し受け入れてきたか」も説かなくては，「日本の大衆の中の科学史家とは言えない」と思ってきました。そこで私は，「漢字の中に見られる中国人・日本人の庶民の科学思想史」といったことまで明らかにすることができた，と自負しています（『科学はどのようにしてつくら

れてきたか』仮説社（1993）参照のこと）。

●ゼロの概念の面白さと素晴らしさ

十分立証できるわけではありませんが，私には，「インド人は数字の0だけではなくて，〈ゼロ〉つまり〈無いものがある〉ということの認識・発見がとても気にいっていた」ように思われてなりません。そのことに関連して，私は自分の娘がまだ3〜4才にしかなっていないときに，ゼロの概念の面白さを教えて，とても面白がられた経験があります。

そのころも今も，我が家のまわりの家々にはほとんど車があるのに，我が家には自動車がありません。そこで私は，娘がそのことを気にするようになるのを先回りして，「うちには自動車がゼロ台あるね」という論理を教えたのです。私は，「0という言葉を使うと，それまで〈無い〉としか言えなかったものが〈有る〉と言えるようになる。これは面白いことだ」と思っていました。そこで，そんなことが小さい娘にも理解できるかどうか期待することもなく話してみたのです。ところが当時3〜4才だった娘にもその論理の面白さがわかったようで，「ねえパパ，うちには自動車が0台あるね」と，何かにつけ繰り返したのには驚きました。

仏教では「空」の概念を重視していて，「無我の境地」などとも言います。古代日本の仏教のもっとも代表的な坊さんの名前は「空海」ではありませんか。しかし，古代ギリシアのアリストテレスの自然学では，「ないものはないのだ」と固執しました。そこで，「空のコップを水の中に押し込んでも水が入ってこないのは，そこに空気があるからだ」ということを明らかにすることができました。私たちの授業書《空気と水》に見られるような大発見をすることができたのです。けれども，古代インド人をはじめとする東洋人は「無・空」の存在にこだわってきて，これまた大

きな発見をしてきたと思うのです。

　私が吉田洋一さんの『零の発見』に不満なのは，私には「インド人が発見した〈ゼロの概念〉は，数字の0だけではなくて，もっともっと大きな有用性をもっている」と思えてならないのに，吉田さんは「それを数字の話だけ，しかもそれを西洋数字＝算用数字の話だけに矮小化してしまった」と思うからでもあります。

　たとえば私は，「多くの人びとの書く〈年表〉には，〈とくに記すべき事柄がなかった〉年月の経過が無視されている。これでは正しい歴史認識を損なうことになる。〈とくに記すべき事柄〉がなかった期間も，空欄を残すべきだ」と考えてきました。そして，「多くの歴史家がそういう年表を書かないのは，〈ゼロの概念〉の教育が欠如しているからだ」などと考えてきたのです。

　私はその後，「そういう〈とくに記すべきことがなかった年月の経過をも表示するような年表〉は，ふつうの〈年表〉と区別するためとくに〈年図〉と呼ばれたこともあった」ということを発見して意を強くしました。そういえば，私は「伝記を研究するときにも〈板倉式年譜＝年図式年譜〉を書く」という研究スタイルを確立することによって多くの成果を挙げることができた，と自負しています。「これまで〈とくに記すべきことがない〉と思われていた〈0のような期間〉にも着目すると，その期間にもかなり重要な出来事があった」ということが発見されることも少なくないし，その〈とくに記すべきことがない時間〉の経過の重要性が明るみにでてくることも少なくないからです（板倉「グラフ式年譜・年表のすすめ」『たのしい授業』1992年6月号，No.116，参照）。

　私はいま，「私を中心とする仮説学派の人びとは〈見やすくて効果的なグラフを描く〉能力を高めることによって，とても多くの発見をすることができるようになった」と自負しています。じつは私たちの描くグラフは，「普通のグラフではしばしば省略さ

れる空きの紙面も律儀に描く」というところに大きな特色があるのです。そんなことがあって，私は，「この自然や社会の実情や歴史を的確に捉える上では，〈何もない時空の存在〉をとくに明確に意識して研究することが大切だ」ということを重視してきたのです。私が〈ゼロの概念の歴史をうんと重視している〉というのは，こういう意味でのことなのです。

　年表やグラフだけではありません。現代の文章には，文字のほかに，句読点などさまざまな記号が用いられています。私は「そういう記号は，文章をすらすら読めるようにするためにとても大切なものだ」と考えてきました。〈　〉＝〈まとめ符〉などの導入もその一例です。こういう記号は，その文章を読むときには発音しないのですが，「ここで少し間をおく」という記号だったりします。だから〈発音０の文字〉と云ってもいいわけです。だから私は，「そのような記号類も一種の文字と考えたほうがいい」と思っています。けれども，国語教師などは「発音しないものは単なる記号であって〈字〉ではない」とかたくなに考えているようです。だから，一／二／三……九／十は漢字としても，〇を漢字の中に入れようとはしないのです。数学者は，０も１，２，……８，９と同じように数と考えているのにです。これでは，国語教育研究はあまり発展する余地がないでしょう。私は，そのようなことを問題にするためにも，「ゼロ概念の教育が大切だ」と思っているのです。

　それだけではありません。「原子・分子論」だって，もともと「空虚な空間＝真空」の存在を前提としています。アリストテレスは，空気を発見する論理を発見した代わりに，原子論まで攻撃してしまいました。「〈無い〉ものが〈有る〉」という論理は，ただ面白いだけでなくて，さまざまなことの発見を導くことができるのです。

日本での〈数字のゼロ〉の歴史

　まったく個人的な話になりますが，私は「何もしていない時間」というものが嫌いです。「起きている限り，何かをしていたい」と思うのです。そこで，「寝ているときも効果的に寝たい」とも思っています。しかし，自分ではいくらそう思っていても，疲れていたり身体の調子が悪いときには，何もできなくなります。すると，その「〈何もしていない〉ということそのこと」が原因で，また調子が悪くなるように思えることがあります。そこで，「何もできない」というときにも「何かできることがないか」と探すことになります。そこで私は，少し体調の悪い日が続くと，それが原因で，「ふだん忙しくてなかなか手を付けられなかったこと」を始めることになって，新発見に至ることが少なくない，とも感じています。じつは，この文章も，そういう〈少し調子の悪いときにされた新発見〉をまとめるために書きはじめているのです。それというのも，日本の数学史の中で「ゼロの概念とその記号の歴史」を調べてみたら，思いもつかなかったことがいくつも発見できたからです。

　まず，考えてみてください。日本人は「数字のゼロをいつごろ発見して，それをどんな記号にして表してきた」と思いますか。

●掛け算〈九九〉の呼び声の中の〈〇〉

　概念には，それを表現する言葉＝記号がつきものです。

　ずっと前に，数学史家の大矢真一（1907〜1991）さんから，こんな話を聞いて驚いたことがあります。大矢さんは，

　　　掛け算〈九九〉の呼び声では，〈ニニン<u>が</u>四〉〈サザン<u>が</u>九〉
　　　などと〈が〉を付ける場合と，〈サンシ，十二〉〈クク，八十

一〉などと〈が〉がない場合がある。それは,「九九を覚えるときの呼び声の口調がいいようにするために過ぎない」と思われがちだが,そうではない。この〈が〉は〈ゼロ〉を表しているのだ。

と教えてくれたのです。

じっさい,九九の呼び声で,〈が〉がつく場合を書き出してみると,

「二二が4。二三が6。二四が8。三二が6。三三が9」

だけです。それ以上に数が多くなると,

「二五,10。二六,12。二七,14,………三四,12。三五,15。………九二,18。九三,27。………」

というように,「が」がつかなくなるではありませんか。たいていの人はそんなことは考えずに唱えているだけなので,知らないでいると思います。そこで一度,ご自分で唱えてみて確かめてください。

昔の日本人は,こういう〈九九の呼び声〉をソロバンをはじきながら唱えたものです。そのとき,「二四,8」などといって,機械的にソロバンに入れると,その位取りを間違えて「80」と入れてしまう恐れがあります。大部分の九九では,結果が二桁になるからです。そこで,「80ではないよ。08だよ」という意味で,「が8」と唱えたというわけです。

たとえば,「2003」という数字を耳で聞いて書くときだって,ただ「二千サン」といわれると,機械的に「2」のすぐあとに「3」と書いて「23」としてしまう恐れがあります。「サン」と聞いたらすぐに「3」と書いてしまったほうが効果的だからです。そこで日本人は昔から,そういう間違いをしないようにするために,「2千トンデ,トンデ3」など,と言ったものです。そうすれば,「ああ〈2〉の次は〈0〉で,そのあとも〈0〉,その

後が〈3〉なんだな」とわかるからです。「トンデ」という言葉を間に入れるか入れないかで,「数字を間違いなく機械的に操作できるかできないか」の違いが生じてくるのです。そこで昔の人は,「２００３」という数字を漢数字で書くときにも,ただ「二千三」とは書かずに,「二千〇〇三」などと書いたものです。そうしたほうが,その数の大きさが直観できていいわけです。

●日本人が「〇」を使用するようになったのはいつからか

　それなら,日本人が,そうやって,「〇」という記号を使って数字を書いたり口にするようになったのは,いつごろからのことだと思いますか。

　それは,①明治以後,西洋の算用数字が日本に導入されてからのことでしょうか。

　いや,もしかすると「西洋の算用数字が日本に入ってきたのは明治維新後だ」と考えないほうがいいかもしれません。1543年の「鉄砲伝来」以後,日本人はキリスト教の宣教師や長崎のオランダ人と接触するばかりか,江戸時代には「オランダ学＝蘭学」という西洋学を研究していました。ですから,②西洋人の使っている算用数字の影響で日本の数にも「０」が入ってきた,と考えてもいいわけです。

　いや,「日本人は〈〇〉という概念や数字も西洋人から教わって初めて知った」と考えるのは,あまりにも日本人や中国人,朝鮮＝韓国人などの能力を低く見すぎているのかもしれません。そこで,③日本人は,独自にか中国や朝鮮＝韓国からの影響で,江戸時代あるいはそれ以前から〈〇〉という数字を用いていた」と考えたほうがいいのかもしれません。

　断っておきますが,ここで問題にしているのは,「掛け算〈九九〉の呼び名に見られる〈が〉＝〈ゼロの概念〉」のような概念

そのものではなくて、〈0あるいは○〉という記号です。

　こういうことを問題にしてくると、そもそも「〈○〉というのは、漢字か漢字でないか」ということが問題になってきます。私は小学生のころ、「〈凸〉と〈凹〉というのは、漢字かそうでないか」ということを気にしたことがあります。私は今も、凹も凸も〈一筆書き〉に一回りさせて書くのがふつうで、ふつうの漢字のように字画を気にして書くことがないからです。「だからこれは、郵便局の記号の〒などと同じように単なる記号ではないか」などとも思っていたのです。そこで、漢和辞典を引いて、〈凸〉と〈凹〉も、「画数5の漢字」として載っているのを見て、やっとこれが漢字とされていることを納得したのでした。

　そこで、「〈○〉は漢和辞典に載っているか」ということを問題にしてもいいでしょう。

　じつは、伝統的な漢字辞典、漢和辞典で「○」の字を載せているものはありません。「零」というのは漢字ですが、「○」は漢字とされていないのです。そのことは、漢字辞典の構成を考えてみてもわかります。漢字というのは、主としてタテ線とヨコ線とから成り立っていて、それに斜め線と点とが加わって成り立っています。そこで、○のように曲線だけからできている字は、入り込む余地がないのです。二や三や四……九は明らかに漢字ですが、○は「漢数字」と呼べない、ということになります。あとで本格的に問題にすることになりますが、日本人が韓国＝朝鮮のハングルを見て異様な感じがするのは、ハングルには漢字にない○の字形が混じっているからでもあるのです。

　それにしても、日本人は「○」や「0」に漢字の「零」という漢字を当てて、それを「レイ」とか「ゼロ」と読んでいます。これはどうしたことでしょうか。

　そこで、諸橋轍次の『大漢和辞典』（1959）を引いてみました。

この辞典は「世界で一番詳しい漢和辞典」と定評があるからです。それによると，「零」の音は「レイ，リョウ，レン」です。そしてその字の意味には，「①しづかに降る雨。／②おちる。／③あまり。／④もと苓。／⑤………」などと9種類の字義が並べられていて，そのあと最後に「邦語・国訓」として「れい，ぜろ」と書いてあります。これによると，「零」というのは漢字であっても，それを「数字の○や0の意味に使ったのは日本人」ということになります。本当でしょうか。

　じつは，「江戸時代の数学＝和算」の本にも，「○」がゼロを意味するものとして使用されているのです。

　私が和算書の中身を本格的に研究するようになったのは，山田正重『改算記』(1659)という本が最初なのですが，この本には○＝ゼロ記号がたくさん使われているのです。『改算記』という本は，『塵劫記』と並んで，江戸時代にもっとも普及した和算書です。そんな本にも○＝ゼロ記号がたくさん出ているのですから，ゼロ○記号が江戸時代から使われていたことは明らかです。

●江戸時代初期の和算書の中のゼロ概念とその記号

　『改算記』には，鉄砲の弾丸の飛行図が載っていて，その弾道の座標の数値を書き連ねた表もでてくるのです。そして，その数字には「三分七り〔厘〕○二糸／四分四り六毛○三」などと「○」がたくさん用いられていました。だから私は，かなり早くから，和算の本に○記号が出てくることを知っていたのです。しかし，他の和算書のことは知りませんでした。そこで，今回そのことを調べてみました。そこで，問題です。

　江戸時代に出版された和算書は，①最初からゼロを表すのに○を用いていたのでしょうか。それとも，②その他の記号を用いてゼロを表示させていたものも少なくなかったのでしょうか。それ

とも，③ほとんどの本にはゼロ概念そのものが出ていなかったのでしょうか。

私は以前，中村邦光さん（日本大学農獣医学部）と一緒に，江戸時代の和算書の中の「円周率」の値の変遷だとか，「金属その他の物質の密度の値の変遷」だとかを，片端から調べて論文を書いたことがあります（『日本における科学研究の萌芽と挫折』仮説社）。そこで，私の手元にはかなり多数の江戸時代の和算書のコピーが集められています。また，少し前には『江戸初期和算選書』（研成社，1990～8）という便利な本が出版されました。その『江戸初期和算選書』は5巻までしか出版されていませんが，15種類もの江戸時代初期の和算書の15冊の内容が簡単に見られるようになったのです。そこで私は，1700年ころまでの和算書の中のゼロ概念の扱われ方を片端から調べてみました。

その結果，思わぬことがわかりました。

「日本で出版された最初の和算の本」というと，今のところ，1600年前後に出版された著者名不明の『算用記』ということになっています。それ以後1650年ころまでに出版された和算書というと，ほぼ10種類のものが知られています。さいわい，そのほとんどすべての和算書を調べることができたのですが，そのすべての本にゼロ概念が出ていました。けれども，その記号は必ずしも○ではなくて，じつにさまざまなゼロ記号が使われていることがわかったのです。そこで，和算書の出版年代順に記すと，次のようになります。

著者不明『算用記』（1600ころ）──「の」の字を使用。

『江戸初期和算選書』（1990）版の解説を担当された佐藤健一さんは，この本の「金子の位，高下を吹き合わす位を見る算」の項に「六枚六両二の八」とあるのは「六六両二〇八ということだ」と解きあかしています。この本にはそのほかにも「○」

を意味する「の」が使われているそうです。これは「掛け算九九」の「が」と似た使い方です。

百川治兵衛『諸勘分物』(16??)——「欠」の字を使用。
　「萬覚字」の項に「欠と云は，そろばんのつぶあひとぶ事」と明記されていて，「八夊三分三リン欠四」とするなど，ゼロ記号としての「欠」の字がたくさん用いられています。「欠欠」の使用例もあります。

毛利重能『割算書』(1622)——「下」の字を使用。
　『算用記』(1600ころ)と全く同じ問題が取り上げられていて，その答えが「六枚六両二下八」と表示されており，その他にも「1705」を「一七下五」とあります。

吉田光由『塵劫記』初版(1627)——「下」と「令」を使用。
　「下」は多数使われていますが，その他に二回だけ「令」の字がゼロ記号として用いられています。『塵劫記』には数種類の版があるのですが，1632年小型四巻本以後では，「令」の字を使用したところが増えて，「下／令」の使用例が半々ほどになっています。

今村知商『堅亥録』(1639)——「零／令」を用いる。

今村知商『因帰算歌』(1640)——「令」の字を用いる。
　「令」の字に「れい」とルビがふられています。

百川治兵衛『新編諸算記』(1641)——「欠」を使用。
　この本にも，「よろず覚字」の項に，「〈欠して〉と云は，そろばんのつぶあひとぶ事」と説明されています。

著者不明『万用不求算』(1643)——初めて○を使用。
　『江戸初期和算選書』版があり，冒頭からたくさんの○を用いています。日本でゼロ記号○を使用したのは本書が最初と言っていいようです。

——以上の8種の和算書の中で，6人の著者が，何と「の／欠／

下／令／零／〇」の6種類ものゼロ記号を用いていたことになります。

『塵劫記』の著者の吉田光由と『竪亥録(けんがいろく)』『因帰算歌(いんきさんか)』の著者の今村知商とは，『割算書』の著者の毛利重能に数学を教わった人です。そこで，吉田光由ははじめ『割算書』の「下」の字を踏襲したわけですが，のちには「令」の字を用いるようになったわけです。また，今村知商の『竪亥録』は，先輩の吉田光由の「令」の字を受け継いだわけですが，「令」の元の字「零」も併用しているので，6人6様ということになるのです。岩波文庫版になっている吉田光由『塵劫記』は寛永20（1643）年版なのですが，この版でも「令」に統一されていないで，「下／令」の使用例が半々ほどになっています。

● 〈〇(ゼロ)記号〉が支配的になったのは，いつ頃からか

それでは，日本で〇(ゼロ)記号が支配的になったのはいつ頃からのことなのでしょうか。そのことを明らかにするために，今度は1700年までに出版された和算書を片端から調べてみました。その結果を列記すると，次のようになります。

柴村盛之『格致算書』(1657)──「令／零」を使用。

> この本の巻中には，「右基数と号する事，前の図にあるがごとく，天それぞれの数をくだす。地にうけて色をあらはす所，零(れい)となる。零はその〈数の内を，はなれず〉といへども，各前にその色をあらはす事，その本たる事あきらけし。されば参勘のみにかぎらず，千変万化みな此の如し。俗に曰く〈本立ちて道生(なる)〉と云々」と，零について思弁的な論議を展開しています。

藤岡茂元『算元記』(1657)──「令」の字を用いる。

初坂宇右衛門重春『円方四巻記』(1657)──「令」の字を使用。

中村与左衛門『四角問答』(1658)──上巻にはゼロ記号なし。

山田正重『改算記』（1659）——〇記号を用いる。

磯村吉徳『算法闕疑抄』（1659）——〇を使用。

安藤有益『竪亥録仮名抄』（1662）——「令／零」を用いる。

　今村知商『竪亥録』（1639）によるから「令／零」となったのでしょう。

松村茂清『算俎』（1663）——「零／令／弾＝彈」を使用。

　「用字」という項が設けられていて，そこには，「零……一位へだたてたる也（略して，かんむりなしにも書く也。令令は二けたきるるをいう）。／弾……これも零と同じ」とあります。

野沢定長『童介抄』（1664）——〇を用いる。一部に「零」併用。

岡嶋友清『算法明備』（1668）——「令」のみ用いる。

沢田一之『古今算法記』（1671）——〇記号を用いる。

村瀬義益『算法勿憚改』（1673）——〇記号を用いる。

　『江戸初期和算選書』（1993）版の172ページの注には「〈令〉も使われている」とあるが，どこに使われているか，不明。

杉山貞治『算法発蒙集』（1673）——うんと小さい〈。〉使用。

　句読点の〈 。〉と間違えられそうな小さな〈。〉です。右の図の二行目や八行目に見える「。。」も誤植でなく「四十歩〇〇

杉山貞治『算法発蒙集』
２行目と８行目に，ごく小さな〇がある

五四四」のことです。その他「千六百〇四歩三五四九五九三六／五寸〇二七二／二百〇一歩三分六一四七九六八」も見えます。

脇野光正編『算法一起』（1675）──「下／令」を用いる。
　のちに『算学初心抄』（1715）と改題されたときにも「下／令」のまま。

磯村吉徳『増補算法闕疑抄』（1684）──〇を用いる。
　『算法闕疑抄』（1659）増補版で円周率の値も改めている。

編者不明『増補新編塵劫記』（1686）──「下／令」を用いる。
　吉田光由『塵劫記』（1627）以来の伝統を引いたわけです。

村田栄清『算法明粋記』（1693）──「令／零」を用いる。
　のち『改算塵劫記』（1702），『改算智恵袋』（1717），『算法図解大全』（1754）などと改題されて長く売られた。

編者不明『広益塵劫記大成』（1697）──〇を用いるが「令」も少し残る。

佐藤茂春『算法天元指南』（1698）──天元術の図式には〇使用。
　「用字凡例」には「零……一桁〈間のとぶことなり〉」とあります。

──以上をまとめると，はじめのうちは『塵劫記』をついで「令」の字を用いる本が多数派であったのに，山田正重『改算記』（1659）以後になって「〇」が多数派になったことがわかります。しかし，〇は「零＝令＝レイ」と読まれたので，この変化は連続的と見ることもできます。

　じつは，このころ円周率の値も改められていて，3.16を用いた『塵劫記』に対して，3.14を用いた『改算記』が勝利するという事件もありました。『江戸時代和算選書』の監修をした故下平和夫さんは，その「江戸初期和算書解説」の中で，

　　　　『塵劫記』がベストセラーになった理由はよくわかるが，

> 『改算記』がどうしてかくも多く印刷されたのか，筆者にはよくわからない。たしかに，従来の数学書にくらべて読みやすくはなっている。それと，書名が示すように，それまでに出版された数学書の欠点をあげて訂正しているのも世間から受け入れられた要因であろう。

と述べています。『塵劫記』を受け継いだ和算書は，ずっと後あとになっても，円周率を3.16としたり，「○」でなく「令」と書いていたので，古かったのです。そこで，〈円周率とゼロ記号というもっとも基礎的な部分で『塵劫記』に勝利した『改算記』〉が広く普及するようになったのは，当然とも言えるのです。

●なぜ○記号は勝利したか

それなら，○は，なぜそれまでの「の／欠／下／令／零／弾」という記号に勝利しえたのでしょうか。その理由は，容易に推察できるでしょう。「の／欠／下／令／零／弾」という記号は，一般に使われる文字そのものを転用したものです。しかし，「一／二／三／四／五……九／十」といった数字は，もともと数量を表すために作られた文字で，他の意味と混用されることはほとんどありません。そこで，「○」の方が「の／欠／下／令／零／弾」よりも便利だったに違いないのです。

それにしても，なぜ「○」という記号は「零＝令＝レイ」と読まれるようになったのでしょうか。それは，日本の和算書の『塵劫記』派と『改算記』派の妥協の産物と見ていいのでしょうか。

いいえ，そうではありません。江戸時代の初期には，「ゼロ記号をどうしたらいいか」ということについて，さまざまな考案が現れたわけですが，じつは，後から現れた「零／令」と「○」とは，日本国産の記号ではなくて中国・朝鮮伝来のものだったのです。諸橋轍次『大漢和辞典』(1959)が「零」を「邦語・国訓」

とみなしたのは、まったくの間違いなのです。

ニーダム著／芝原茂ほか訳『中国の科学と文明・第四巻・数学』（思索社，1975）の25ページには、「ゼロに対する中国の文字，すなわち〈零〉の起源と歴史」が，次のように記されています。

> この語は昔，〈豪雨の最後の小さい雨滴〉または〈物体の上に後に残った雨の滴〉を意味していた。これは、『詩経』の中に見られるそれの意味であった。後にそれがどのような〈余り〉にも適用されるようになり（特に〈奇零〉＊のように他の語と結びついて熟語をなすとき），整数でない場合にも，また例えば〈100より5大きい〉のような場合にも適用された。これから，105のような数においてゼロを表すための語として使用されるまでへの移行は容易に理解される。
>
> ＊〈奇零〉は「はした。単位以下」の意。
>
> けれども，この使い方が始まったのは後世になってからだと思われる。正確にいつであるかを決定するためには特別の研究を必要とするが，〈明代〔1368～1662〕より以前のいかなる数学書にも，ゼロの意味でそれが使われているのを全然見たことがない〉と断言できる。もちろん，宋代〔960～1279〕の代数学者たちは広義には記号○を使ったし，〈零という用語が適切に使われたのではないか〉と思えるように書き表された数の例を発見するのは容易である。それが顕著な最古の著書は16世紀の終わりの『算法統宗』である。

というのです。

かなりわかりにくい文章ですので、これを私なりに大胆に意訳してしまうと、こういうことになるでしょう。

> ○という記号は，はじめは〈雨の降ったあとにしたたり落ちる零（しずく）〉の前にある〈空き〉のことで，〈その後に零のような小さな数が続く〉ということを前提にした記号だったので

す。中国でも日本でも昔は数学の本も縦書きだったことに注意してください。それに，〈○＝零〉という記号は，少なくともはじめのうちは，〈その下に一つ空いてまだ数字が続く〉ときに限って使われたのです。それなのに，その後まもなく，〈後の数字に従属することなく，まったく自立して〈無〉そのものを表す記号・文字〉になった。

というのです。——なお，「零」という漢字は「国字＝日本製漢字」で，中国では「零」がしずくのことを意味するのです。

　それなら，○＝零という記号を最初に使用した数学書は，何という本でしょうか。銭宝琮著／川原秀城訳『中国数学史』（みすず書房，1990）によると，現存する中国の数学書ではじめて○をゼロ記号として用いたのは，南宋の数学者・秦九韶の書いた『数書九章』（1247）と元の数学者・李冶の書いた『測円海鏡』（1248）だそうです。そのあと，南宋では楊輝が1262，1274，1275年に書いた数学書の中で，また元では，李冶の『益古演段』（1259），朱世傑の『算学啓蒙』（1299）『四元玉鑑』（1303）の中でゼロ記号として○を用いたということです。

　上に挙げられた数学書のうち，朱世傑の『算学啓蒙』（1299）と程大位『算法統宗』（1593）は，江戸時代の日本で訓点をつけられて出版されました。すなわち，

　朱世傑著／土師道雲跋『新編算学啓蒙』（1658）
　程大位著／湯浅得之跋『新編直指算法統宗』（1675）

です。そのコピーは私の手元にもあります。

　それによると，前者の下巻には，算木での計算を記号に写したものの中にゼロ記号としての○がたくさん使われているのですが，本文中の漢数字の中には○は全く見当たりません。また，後者は全13巻という大部なもので，本文中に「一萬六千四百二十両零五銭三分」とか「一百零六両二銭五分」「四百零五人」などと

はあっても，その「零」の字を「〇」に置き換えてはいません。これらの本が日本で翻刻出版されたのは1650年代後半ですが，〈『塵劫記』の著者の吉田光由〉や〈『竪亥録』(1639) や『因帰算歌』(1640) の著者の今村知商〉が，それらの著書の原本を見ていたに違いありません。そこで「零」やその略字の「令」をも用いるようになったのです。佐藤健一訳・解説『算俎』(1987) の355ページによると，〈『算俎』(1663) が「零／令」のほかに「弾＝彈」の字をゼロ記号とした〉のは〈『算法統宗』に「単」の字もゼロ記号とされていたことを受け継いだものだ〉ということです。

　しかし，江戸時代の初期に日本にもたらされた数学書は，中国や朝鮮から伝来されたものに限っても，もっといろいろあったに違いありません。そこで，日本ではじめてゼロ記号として〇を用いた『万用不求算』(1643) の著者も，それらの数学書の影響を受けて，〇をゼロ記号として採用したのではないでしょうか。「令／零／〇」が，それまでの純日本起源と思われる「の／欠／下」に取って代わった背後には，中国・朝鮮からの舶来数学書の権威があったのだと思われるのです。

　それは単なる当て推量というものではありません。じつは，1400年代前半には，朝鮮王朝の4代国王＝世宗は何冊もの中国数学書を銅活字で翻刻出版しました。その中には上記の朱世傑『算学啓蒙』(1299) のほかに，

　　元の儒者・何平子著『詳明算法』1400年代前半復刻

という本があって，その本には，ゼロ記号としての〇が多用されているのです。

　次ページの図を見てください。これは『詳明算法』の下巻32丁ですが，「一百三十四両五銭〇五厘／一千〇八十九斤〇八銭／三百四十九斤〇四両／九秤〇七斤〇四両／二斤〇八両」と，ゼロ記号としての〇が7個も出ています。他のページには「六十丈〇〇

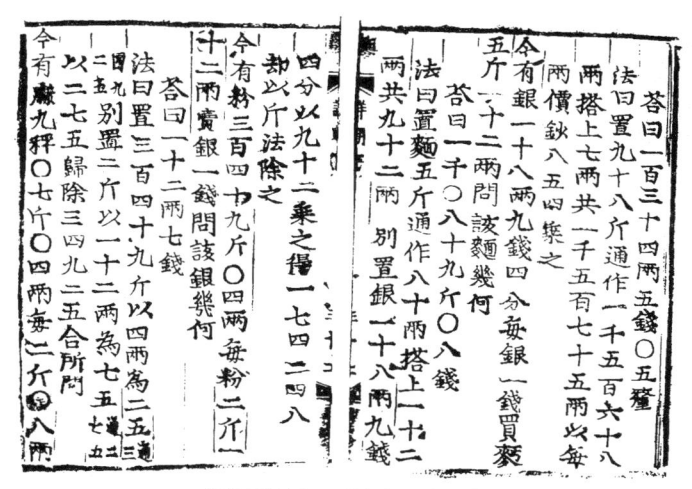

『詳明算法』に見られる〇記号

七寸八粉七厘五毫」などと, 〇を二つつなげた数字も出てきます。
　この本は1400年代前半に朝鮮で印刷された銅活字版ですが, 今日まで日本に３点も伝わって残存しているそうです。国立国会図書館と内閣文庫, 東北大学の３ヵ所です。江戸時代初期の日本の数学者たちが「それを見なかった」と考えるほうが困難というものです。

ハングルに出てくる「〇」

　韓国＝朝鮮の文字ハングルは朝鮮王朝の第４代国王＝世宗が1443年に発明した人工的な文字です。前にも記したように, ハングルには, 漢字の要素にもない〇が入っているのですが, それはどうしてか, 最後に論じておくことにしましょう。
　その議論のために, まず３つの問題に付き合ってください。

〔問題１〕

　ハングルでは,日本語の「カ／サ／ナ」のことを,「가 , 사 , 나」と書きます。まるで, 日本のカタカナや漢字の「フ, 人, レ」にカタカナの「ト」をつなげたような文字です。このことを見ても, ハングルは漢字起源だということが推察できますが, ハングルのほうが, 日本のカタカナよりもずっと幾何学的な直線から構成されていることに注意してください。

　さて, それなら, ハングルでは日本の「ア」の文字をどう書き表すと思いますか。いきなりこんな問題を出すと,
　「まだ知らない文字について, そんな問題には答えられるはず
　　がないではないか」
と抗議する人もいるかもしれません。たしかにそうかもしれません。しかし,「ああ, そんな問題ならわかる」という人も少なくないことでしょう。この問題は,〈ローマ字を知っている人には, 容易に予想できる〉と言ってもいいからです。

　ローマ字では「ア／カ／サ／ナ」は「a／ka／sa／na」と書きます。ハングルもそれとそっくり同じと考えると,「k-／s-／n-」に相当する部分「フ ／人 ／レ」と「a」に相当する「ト」に分解することができます。ですから,「〈ア〉は〈ト〉と書けばいいに違いない」と考えることができます。いや,「そうに決まっている」と自信をもっていう人もいることでしょう。

　本当にそれでいいのでしょうか。

　じつは, 違うのです。

　ハングルでは「ア」は「아」と書くのです。

　すると,「エーッ, ト の前の○は何だ」と抗議する人もいることでしょう。

　しかしまた,「この文章の主題はゼロ記号の話だった」と思いなおして,「エッ, この○は〈子音がゼロ＝ない〉ということを

表しているのか」と気づいて驚く人もいることでしょう。
　そうかもしれません。そこで，次の問題に進んでください。
〔問題２〕
　ハングルでは，「キ／シ／ニ」のことを「기，시，니」と書き表します。
　それでは，「イ」の音はどのように書くと思いますか。
　　予　想
　　ア．「ㅣ」　　イ．「이」　　ウ．その他「　　　」

　さて，どうでしょう。今度は当たるでしょうか。
　今度は，おそるおそる「〈이〉かもしれないぞ」と予想する人もいることでしょう。
　そうなんです。「イ」は「이」なんです。
　こうなると，「ハングルの中の○は数学の零＝ゼロ印とまったく同じだな」と思えることでしょう。そこで，もう一問です。
〔問題３〕
　ハングルでは，日本語の「エ」にぴったり合う文字はなくて，「エ」に一番近い音は「에」と書き表すそうです。
　それなら，ハングルで「ケ／セ／ネ」に一番近い音を表すには，どう書くと思いますか。
　　予　想
　　ア．「게，세，네」。　　イ．その他（　　　　　　　　　）

　誘導尋問的な問題を並べてすみません。これは，誘導尋問にすなおに従って，「게，세，네」と答えていいのです。
　ハングルを作った世宗王は数学も好きでした。そこで，中国の元時代に編纂された『詳明算法』も，朝鮮で銅活字で復刻出版させていた人です。そこで私は，

「世宗王は,『詳明算法』その他の新しい数学書に出てくる〈○＝零〉記号にとても強く感動したに違いない。そこで,ハングルを作るときにも,〈子音がゼロの母音だけの文字＝ア／イ／ウ／エ／オ〉を表すのに,その○を利用したに違いない」
と思っているのですが,どうでしょうか。

●母音だけの字以外に現れるハングルの「○」

　多くの人々は,私のこの新説に賛成してくれると思います。しかし,それをあえて「新説」というのは,私がこれまで手にした数少ないハングル入門書には,「最初に出てくる○は発音しない」ということを指摘はしても,それが「数学の0＝○と同じ起源だ」とは言ってくれていないからです。

　「ハングルをごく最近知ったばかり」という私が,こんな「新説」を提出するのは大胆不遜に過ぎるかもしれません。しかし,これまでハングルを研究してきた人々は,ほとんど朝鮮数学史の中での○＝ゼロ記号の歴史は知らないのです。そこで,「ハングルを作った世宗は同時に,朝鮮で〈○記号〉を広めた人だ」ということは知らないでいたと思うのです。それに,私は「科学研究における〈新説〉というのは,そのことについてよく知っている人よりも,そのことを新しく知ったばかりの人のほうが思いつきやすいこともある」と考えているので,こんな大胆不遜な「新説」を提出するのです。

　じつは,すでにハングルを知っている人の中には,私の考えをあざ笑う人がいるかもしれません。そういう人々は,「ハングルの中には,母音だけを示すとき以外にも○を用いる場合もある」ということを知っているからです。

　その一つは,日本語の「ハ行の音」を表す文字です。ハングルには「ㅎ」という字素もあって,「ハ」の音は「하」と書き

ます。そして、「하／히／헤」と書くと日本語の「ハ／ヒ／ヘ」と同じ音になるのです。これは、私の「○＝数学の0」という私の「新説」では説明できないように思われるかもしれません。しかし、これも無理なく説明できるのです。

　英語やフランス語などの西洋の言語では、「日本語のハの要素となる〈ｈ〉」は無声音になるのが普通です。朝鮮＝韓国語の発音でもそういう側面があることを無視できないのです。そこで世宗王は、ハ行の音を表すのに意図的に「○」印を入れたと思うのです。

　○印はそのほかにも使われることがあります。○が「궁／궁」のように文字の一番あとに出てくるときには、「ウグ」に近い発音になるそうです。じつは、「ウグ」という音は、中国語でもしばしば使われているのですが、日本人はほとんど聞き取れません。それで、日本には「ング」で終わる漢字はないのですが、朝鮮＝韓国にはたくさんあります。たとえば、香港は英語でもHong-kongですが、日本人は「ホンコン」といいます。じつは漢字の「本」は中国でも「ホング」とは発音しないようですが、マルコポーロは「日本（ジポン）」を「ジパング」に近く発音すべきものと思ってしまったのでしょう。

　朝鮮＝韓国人にもほとんど聞きとれないような音が「○」で表されているわけです。

　世宗王が○記号を知った頃、それは「零（ゼロ）＝雫（しずく）」のようなもので、必ずしも全くの「無」を意味するものではなかったのかもしれません。そう考えると、ハングルの中の○のナゾも完全に解けると思います。ふつう「ハングルの○は口の形を型どったものだ」と言われています。しかし、それだけなら〈□や口〉で表わすのが漢字文化圏の常識というものです。それなのに○を使ったのは、数字のゼロ「○」との関係からだ、と断定していいと思うのです。

もしかすると、朝鮮＝韓国の研究者やハングルを研究している日本人の中には、私よりも先に私と同じことを指摘している人もいるかもしれません。そうなれば、これは私の「新説」とは言えないわけですが、私の考えが孤立したものでないことを意味するわけで、それもまたうれしいことです。

　日本で数学書が出版されるようになったのは、西洋の宣教師が日本にやってくるようになって以後のことです。ですから、「日本の数学書の中の○記号は西洋の算用数字の〈0〉が元になっている」としてしまったほうが、話が簡単かもしれません。しかし、「日本の初期の和算書がゼロ記号についてさんざ迷った末に〈零＝令＝○〉に辿りついた」という変遷を見ると、西洋起源説は困難です。1600年に日本イエズス会が日本で出版した『日葡辞書』には、「ソロバン」という言葉は載っていても、「Xero」も「Ｒei」も出てこないのです。

　また、日本の行誉が1445年に著した〈言葉の由来事典〉『壒囊鈔』（壒はゴミのこと）には、「或る人物の符に□○の如く書くは、これも文字か」という問いがでているのを見つけました。そしてその答えには、「これも文字なり。□○の音なり。……□は四方なり。○は〈マロ也〉と読むなり。この心を以って、方円の符にせらるるか」とあるのを見つけました。行誉という人は、□○の音と訓も付して示して「これも文字だ」といっているのですが、○に「レイ」という音を付していません。これを見ても、○を「零／令／レイ」と読むのは数字起源であることがわかります。

　　『たのしい授業』の新年号には、いつも何か哲学的な大風呂敷的な話を書きたい、と思ってきました。そこで、こんな話を書いてみたのですが、どうでしょうか。この研究をはじめたときにはとても不調だった私の身体も、これを書き上げた結果、快調に向かっているようです。

新総合読本
2種類あった江戸時代の円周率
——〈3.14〉と〈3.16〉のなぞ

イラスト：『塵劫記』より

● はじめに

「円周率は 3.14 だ」ということは，今では小学生も知っています。ところが，江戸時代の大部分の人びとは，円周率を3.16と思っていました。

その時代にも，円周率は3.14だということを知っている人はいました。1663年には「円周率は3.16ではなくて3.14だ」ということを明らかにした学者がいたのです。そしてそれ以後，専門の数学者たちはみな，円周率を3.14にしました。そこで，それまで円周率を3.16としてきた〈算数の本〉も，その成果を受け入れて，「円周率はこまかに吟味すれば，3.1416だ」と認めたのです。

ところがそれから間もなく，〈大衆向きの算数の本〉は，また円周率の数字を3.16に戻してしまいました。

疑問に思った私たちが，江戸時代後半の文政年間（1818～1830）に発行された〈大衆向きの算数の本〉を片端から調べたら，なんということでしょう。ほとんどみな円周率の値を3.16にしていました。

江戸時代の後半には，数学者たちは円周率を3.14としていたのに，いまの小学校に相当する〈寺子屋〉に通っていた百姓や町人

＊初出：『たのしい授業』2009年10月号（No.356）仮説社

の子どもたちは，円周率を3.16と教わっていたのです。

　今でいえば，高等学校や大学では円周率＝3.14としていたのに，小学校の算数の教科書では円周率＝3.16と教えていたようなものです。

　「3.14という数」は，いくら概数＝〈だいたいの数〉になおしても，3.16にはなりません。「3.1416という数」なら，〈だいたいの数〉にすれば，「3.14や，3.1や3と言える」ことはあっても，「3.16に近い数だ」とは言えません。

　江戸時代の大衆は円周率を3.16と教えられていたのに，「江戸時代の数学者たちはみな，円周率の正しい数は3.14だと知っていた」のです。江戸時代の数学者たちは，ついに，その数字を大衆のもの，みんなのものにすることに成功しなかったのです。

　それで結局，明治維新以後になってはじめて，寺子屋が小学校に代わってから，みんながみんな，「円周率は3.14だ」と教えられるようになったというわけです。

　どうして，そんなことになったのでしょうか。

　こんなことをいうと，

　　「円周率の数なんて，3.14でも，3.16でも，そんなことは私たちの生活には関係ない」

と思う人もいるでしょう。

　しかしです。「真理はどのようにしてみんなのものになるか」と考えれば，「そんなことはどうでもいい」とも言えないでしょう。私は大いに気になったので，このことを詳しく調べました。そして，私なりに納得のいく結論に達することができました。そこで，その話をさせてください。

●円周率というもの

　〈円周率〉というのは，〈円周の長さ〉の〈円の直径〉に対す

る〈比率〉のことです。つまり，

$$円周率 = \frac{〈円周の長さ〉}{〈円の直径〉} = 3.14$$

ということです。

　だから，〈円の直径〉が分かっているときに〈円周の長さ〉を知りたいときには，

　　〈円周の長さ〉＝〈その円の直径〉× 3.14

と計算すればいいのでした。

　円周率は，〈円の面積〉を計算するときにも役立ちます。

　　〈円の面積〉＝〈円の半径〉^{2} × 3.14

　　または，　　＝〈円の直径〉^{2} × 0.785

と計算すればいいからです[*]。

> [*] 0.785 ＝3.14÷4 です。そこで，この数を〈円積率〉ということがあります。

　円周率の値はそのほか，〈球体の体積〉や〈球体の表面積〉を計算するのにも役立ちます。さらにもっと高級な数学になると，思わぬところに円周率が出てきます。だから，数学にとってとても大切な数と言えるのです。

　そこでどの国の数学者たちも昔から〈円周率〉の数に深い関心をもってきました。数学好きな人びとは，「円に関係した計算に役立つ数」として，円周率に興味をもっただけではないようです。

　なにしろ，「円」というのは，この世の形のうちで〈もっとも美しい形〉ともいえます。「円は完全な形だ」とほめそやした学者もいます。「円は完全な形だ」としたら，円周率の数もこの世で〈もっとも完全な数〉といっていいような気がしませんか。

　そこで数学の専門家以外にも，むかしから，円周率の数に関心をもつ人びとがいました。

●日本の数学書出版のはじまり

　日本で〈算数／数学の本〉が印刷されて，多くの人びとの手にわたるようになったのは，江戸時代が始まって間もないころのことです。

　西暦でいうと，関ヶ原の合戦が行われたのがちょうど1600年で，その戦争で勝利した徳川家康が「将軍」の地位について「江戸幕府」を開いたのは1603年のことでした。

　いま「日本で出版された最初の数学書」とされているのは，1615年ころ「木製活字」で印刷された『算用記(さんようき)』です。その本は，〈日常的な生活に出てくる算数のさまざまな問題〉を〈そろばん〉を使って解く方法を解説したものでしたが，その中には

　「直径が1尺(しゃく)なら，その円周の長さ3尺1寸(すん)6分(ぶ)あり」

という話も出てきます。つまり，円周率を 3.16 としていたわけです。

　『算用記』を書いた人の名前は分らないのですが，1622年に，その本を少し分かりやすく書き換えた人に，毛利勘兵衛重能(もうりかんべえしげよし)とい人がいます。この人は，その本の最後に，

　「いま京都に住む，〈割算の天下一〉と号(ごう)する者なり」

と書きました。当時はまだ，「割算が天下一できる」と威張ることのできるような時代だったのです。

　だから，その算数／数学の内容があまり高度のものでなかったことが想像できるでしょう。江戸時代の日本の算数／数学はその程度の算数／数学から出発したのです。そしてその後，算数／数学の本が何種類も発行されるようになりました。

　そのうち，とくに有名になったのが，吉田光由(みつよし)著『塵劫記(じんごうき)』（1627）という本です。

　江戸時代になる前の織田信長／豊臣秀吉の時代（安土桃山時代，1568〜98）に，京都の貿易商人で土木事業家で文化人としても活

躍した人に，角倉了以（すみのくらりょうい）（1554〜1614）という人がいました。吉田光由（1598〜1672）は，その角倉了以の一族でした。だから彼は，経済的にも文化的にも恵まれていました。そこで，小さいときから算数／数学が大好きだった彼は，〈割算の天下一〉と名乗っていたあの毛利重能から，〈そろばん〉を学びました。

そして中国伝来の『算法統宗（さんぽうとうそう）』（1592）も詳（くわ）しく勉強して，その内容をはるかに超える算数／数学の本を作り上げました。それ以前の日本の算数の本には，絵図が一つも入っていなかったのに，分かりやすくて楽しい絵図もたくさん盛り込みました。〈そろばんによる計算の仕方〉も図解して，とても分かりやすく説明しました。そこで，その本は大評判で迎えられました。さらに彼は，その本をさらに良くしようと努力して，何回も書き改め，話題を充実させ，たのしい算数の話題もたくさん載せました。そこで『塵劫記（じんごうき）』は，著者が死んだあとも，江戸時代を通じてベストセラーになりました。

『塵劫記』という書名は，その原稿を有名な坊さんに見せてつけてもらったものです。「塵劫」という漢字には，もともと「永劫（えいごう）＝永遠の年代」という意味があるので，この書名には「永遠の真理を記（しる）した本」という意味があります。さいわいこの本は，その思い通り，多くの読者を得て長く読まれつづけたのです。

『塵劫記』も，円周率の値を3.16としました。そこで，3.16という円周率は，『塵劫記』とともに広く知られるようになり，その後発行された算数／数学の本もみな3.16という円周率を受け継ぎました。

●円周の長さをはかって円周率を決める

それなら，当時の算数／数学の本の著者たちは，どうして円周率を3.16としたのでしょうか。

それらの本の著者たちは「中国伝来の数学の本の円周率をそのまま受け入れた」とも思えるのですが，そういうことはありません。中国伝来の数学書には，円周率を3.16とした本はありませんでした。だから，日本の数学好きな人の中に，自分で〈円周の長さ〉をはかって，円周率がほぼ3.16だと確かめた人がいたに違いないのです。

　それらの著者たちはおそらく，当時「ぶんまわし」と呼ばれていたコンパスを使って円を描いて，その円周の長さをじっさいに計ってみたのでしょう。その結果「円周の長さはその円の直径の3.16倍ほどだ」ということを知ったと思うのです。

　しかし，円周の長さをはかるのは，直線の長さをはかるのと違って，そう簡単ではありません。曲がっている線の長さを厳密にはかるのは，なかなかむずかしいのです。じっさいに円を書いて，その円周の長さをはかると，「円周の全長はその円の直径の3.14〜3.16倍ぐらいだ」ということは分かります。しかし，いくら慎重に計ったつもりでも，自分の得た数字になかなか自信を持てるものではありません。そこで，人によって測定の結果が変わることがあります。

　そこで，どうしても〈測定の誤差〉が気になるのです。

●円周率に隠された理屈はないか

　そのとき，こんなことを考える人がいたことでしょう。

　　「まてよ。円というのは〈これ以上ないくらい美しい形，完全な形〉ではないか。その円周の長さを計算するための倍数が，3.14とか3.16とかいう半端な数になるのはどうしてだろうか。円周率のような数には，何か〈美しい数の秘密〉がかくされていてもいいではないか」

というのです。

じっさい，3.14とか3.16とかいう数字は，どう見ても半端な数で，〈美しい数，完全な数〉とは思えません。すると，こんなことを言う人が現れました。

「そうだ，3.16という数字なら，何か言われがありそうだぞ。だって，$3.16 = \sqrt{10}$（ルート10＝平方根10）ではないか。きっと，円周率は$\sqrt{10}$なのだ」

というのです。（$\sqrt{10}$というのは，〈二乗（平方）すると10になる数〉のことです）

円周率が$\sqrt{10}$だとすると，半端な数とは言えません。そこで，そのことに気付いた人びとは「とてもいいことに気がついた」と，満足したことでしょう。そして，「円周率の本当の大きさは$\sqrt{10}$に違いない」決め込んでしまいました。そして，$\sqrt{10}$をもっと詳しく計算して，「円周率は〈3.162……〉としたほうがいい」とも考えました。

当時の数学好きの人がみんな，そんなふうに考えたわけではありません。しかし，数学好きの人びとの中には，「本当の円周率の値は$\sqrt{10}$だ」と考えた人がいたことは確かです。それらの人びとは，円周率を 3.162 とか 3.1623 などとしました。

いまも数学好きだという人の中には，「数学の真理はとても美しい。だから好きだ」と言う人がいくらもいます。だから昔，こんな夢を追った数学者がいても不思議ではありません。

● 「問題受けつぎ運動」を始めた1641年版『塵劫記』

江戸時代になると，平和な時代が続くようになりました。関ヶ原の合戦の後，1614〜15年に江戸幕府が大坂城を攻め滅ぼす戦争があって，その後1637年に島原城に籠もったキリシタンを攻め滅ぼす戦争が起きましたが，その後はずっと戦争のない平和な時代が続きました。

その平和な時代には、新しい田畑がたくさん開発され、産業も活発化して、人口も増大をつづけました。そこで各地の領主たちは、新しい時代の産業や経済に必要となる算数／数学のできる家来を欲しがったので、算数／数学を学ぶ人びとも増えました。

『塵劫記』の著者の吉田光由(1598～1672)は新しいこと好きでしたが、その本の1641年の改訂版をだしたとき、その下巻でまた新しいことを始めました。数学の研究を志す人びとのために、〈力試しの問題〉を出して、わざと答えを付けずに発表したのです。

すると、数学好きな人びとは、競ってそれらの問題を解きました。そして自分でも本を書いて、その答えを公開し、さらに自分で新しい〈力試しの問題〉を作って、答えを付けずに発表しました。すると、その後に続いた人も同じことをするようになりました。数学愛好家たちの間で、〈問題引き継ぎ運動〉ともいえる流行が起きたのです。

そのため、新しく数学の本を書けるような人びとの研究意欲と学力はますます高まり、ふつうの人にはついていけないほど専門的に数学を研究する人が出てきました。円周率の研究も、その運動の中で大いに進みました。

それにそのころ、中国から伝わった数学の本の中には円周率の値を3.14としている本もあることが分かってきました。1658年には、中国の『算学啓蒙』(1299)を日本語で読めるようにした本が読まれるようになって、中国では円周率を3.14とする有力な考えがあることが分かって、日本の数学愛好家たちを刺激しました。

その当時の日本の学者は、何でも中国の学者のいう通りに従って考えるところがありました。何しろ日本の隣りの中国は日本よりずっと大きい国で、日本とは比べられないくらい長い学問の歴史があるのです。それにその頃までは、中国の数学のほうが日本よりもずっと進んでいたのです。

●円周の長さを計算で出した村松茂清の円周率

 そのため,日本でも円周率の本当の値を本格的にくわしく研究する人びとが現れるようになり,1663年には,村松茂清が,「円周の長さを数学的に詳しく計算した結果」を発表し,「円周率は,3.16倍でなくて,3.14倍とすべきだ」と主張しました。

 彼は日本ではじめて,円周の長さを〈物差しを使って計る〉のではなく,〈数学的な計算〉によって,円周率を求めたのです。

 図のように,直径1メートルの円の内側にぴったりはいる正六角形を描くと,その6つの辺の長さの合計は3メートルになります。円周はその外側に曲がっているのですから,円周の長さがその3メートルより長いことは,明らかです。

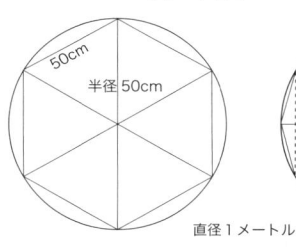

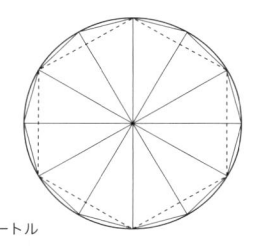

 そこで次には,その六角形の各辺を二つに分けて,円の中にぴったりはいる正十二角形をつくり,その外側の辺の長さを計算します。今では中学生でも,〈三平方の定理〉を使って二等辺三角形の底辺の長さを計算で求めることができます。この計算は,かなり面倒になりますが,丹念に計算すると確実にその結果が得られます。その正十二角形の辺の長さを計算すると,3.1058285 …となります。

 そこで,今度も同じように,その正十二角形の各辺を二つに分けて,円に内接する正二十四角形を描き,その辺の長さを,前の計算の結果も利用して計算すると,3.1326286 …となります。

 そうやって,正角形の辺を次つぎと二倍にふやしていくと,その正多角形の辺は,どんどん円周に近づいていきます。

 そこで村松茂清は1663年までに,なんと〈正3万2768角形〉ま

での辺の長さを計算して，その正多角形の辺の長さを，

$$3.141592648777698869248$$

と計算し出したのでした。

　もっとも，その長さはあくまで〈正多角形の辺の長さ〉で，〈円周そのものの長さ〉ではありません。いくら辺の数を増やして計算しても，〈多角形の辺の長さ〉は〈円周の長さそのもの〉にはならないのです。

　そこで彼は，「〈最後に得た正多角形の辺の長さ〉の数字のうち，どこまでが〈本当の円周の長さ〉と言えるか」自信のあることが言えませんでした。しかし，

　「今後は円周率の値を3.16でなく，3.14とすべきだ」

と主張することはできたのでした。

●一度は全面的に勝利した円周率 3.14

　村松茂清のその研究が発表されると，それ以後，数学好きな人びとは円周率の研究を急速に発展させました。

　その翌1664年にはもう，野沢定長が，村松茂清とは違う計算法を考えて，やはり円周率を3.14としました。

　その後1669年には，円周率を3.142とする本が書かれました。そして1673年には，円周率を3.1428とする本と，3.1416とする本とが印刷になりました。

　みんな村松茂清の研究成果を受け継ぎ，前の人とは少しずつ違う円周率の数字を発表したのです。そこで，すごい勢いで，「円周率の正しい値は3.16や3.162ではなくて，〈3.14にはじまる数〉だ」ということが，すべての数学愛好者のあいだで認められるようになりました。

　それだけではありません。『新編塵劫記』（1643），『改算記』（1659），『算法闕疑抄』（1660），という，「当時もっとも普及して

いた三種の算数／数学の本」も，1684年から1687年のあいだに，次つぎと，「円周率は3.14…としたほうがいい」と認めた改訂版をだしました。

それらの本の初版（最初に出た本）はみな，「円周率の値が3.16と思われていた時代に書かれた本」でした。そこで，その本文にはその3.16の数字を使った話がたくさん出ていました。しかし，その本文全体を改めることは面倒だと考えたからでしょう，版を重ねる時に「正しい円周率3.14」に差し替えるかわりに，「注」などの形で正しい数字を加えました。

たとえば，『新編塵劫記』の場合，本文で「円周率を3.16と説明したページ上の余白」に，「こまかに吟味すれば，円周率の値は3.1416です」という趣旨の説明を加えて，「本文中で円周率を3.16としているのは間違っている」と認めたのでした。

じっさい私たちが，1681〜90年のあいだに出版された「算数／数学の本」に載っている円周率の数字を片端から調べてみたところ，私たちが調べることが出来た16種類の算数／数学の本のうち，1685年発行の本が一種類だけ円周率を3.162としているだけで，その他15種類の本はみな3.14…としているということを確認することができました。

つまり1687年ころには，「日本の算数／数学の本はほとんどみな，〈正しい円周率の値は3.14だ〉という考えで統一されていた」といってよかったのです。

これは，平和が続き，生産活動が異常に活発だった時代の〈問題受け継ぎ運動〉の熱気が，数学好きな人びとに活気を与えた成果と言えるかも知れません。

● 「円周率＝3.14」を疑った数学好きな人びと
ところがです。

日本の数学者がみんな「円周率は3.14」とまとまりかけた頃になって，円周率について変わった意見を出した数学者がいました。1677年に『算九回』を世に出した野沢定長です。この人は，村松茂清が3.14という円周率を出した翌年，それとは違う計算法を考えて，同じ円周率の値を見出していた人です。そんな人が，
　　「円周率には，〈理くつによって得られる平方根10（$\sqrt{10}$）〉と〈図形を元に計算して得られる数〉との二種類があって，真理はその二つの数の間にある」
と云いだしたのです。
　彼は「円周率は〈$\sqrt{10}$〉だ」という理屈がとても気にいっていたので，その円周率を残したかったのです。それに，彼自身が〈図形の計算から求めた円周率〉の値は，少し小さすぎたので，そんなことを言いたくなったのです。
　3.14という円周率に疑いをもった人は，ほかにもいました。荻生徂徠（1666〜1728）という漢学の大家です。
　この人は，とても博学な漢学者で，「金の密度」などの自然科学的な研究にも深い関心をもっていました。そこで，当時の数学研究の大家の中根元圭（1662〜1733）と一緒に研究したこともありました。
　彼は，数学者たちの円周率の研究のことも知っていたので，数学者たちが，円周の内側にいくつも正多角形を描いて，その辺の長さや面積を計算しているのに疑問をいだいたのでした。彼は，
　　「円の内側に描いた正多角形をどんどん増やしていくと，その多角形の辺の長さや面積は果てし無く増えていくのでないか」
と考えて，数学者たちの計算の結果を疑ったのです。
　そのほか，「数学者たちの円周率の計算に疑問をもったことが知られている知識人」が，もう一人知られています。橘南谿

（1754〜1806）という京都の有名な漢方医学者です。この人は，
　「円周率の値は，3.16あるいは3.14といろいろに論じている
　けれども，まだ疑問の点がたくさんある」
と言っていたのです。
　つまり，不勉強な人びとばかりでなく，円周率の計算法についてかなり知識のあった人びとの中にも，3.14という円周率の値に疑問をもっていた人がいたのです。
　荻生徂徠（1666〜1728）と橘南谿（1754〜1806）は，どちらも当時とても有名な知識人でしたが，今日の数学の知識からすると，その議論は間違っています。だから，当時の数学者だって，その間違いを指摘(してき)すればよかったともいえます。
　しかし，当時の日本の数学者たちは，その二人に代表される疑問に答えられませんでした。当時の日本の数学者たちは，そんな疑問を聞いても，「だから数学がよく分かっていない人は困る」などと言って，相手にしなかったことでしょう。当時の日本の数学者の議論には，「すべての人びとを完全に納得させる論理」を大切にする考えが不足していたのです。
　その結果は，日本の算数／数学の本の円周率の分裂でした。1690年頃には，日本の算数／数学の本の円周率は一度3.14に統一したかにみえました。ところが，その後「〈数学にも理解がある〉と思われていた知識人も，その円周率の値を信用していないようだ」と知られたことにもよるのでしょう。日本の円周率の値は，〈少し程度の高い数学書〉と〈そろばん入門の本〉とのあいだで，3.14 と3.16とに分裂することになったのです。

● 「初歩的なそろばん本」の円周率は 3.16 に戻った
　「江戸時代後半の日本では，円周率が二つに分裂していた」ということは本当でしょうか。

そんなことは信用しにくいことなので，念のため，私たちは「江戸時代後半に出版された算数／数学の本に載っている円周率の数字」を片端から調べてみることにしました。

江戸時代の後半，「文政年間（1818〜30年）に出版された算数／数学の本」を，〈すこし高級な数学の本〉と，〈初歩的なそろばんの本〉に分けて，それらの本に載っている〈円周率の数字〉を片端から調べたのです。

その結果，こういうことがわかりました。

まず，「著者名も明瞭な〈200ページ以上もある数学書〉の場合」ですが，「全部が 3.1416 または 3.14159 という，今日でも通用する値に統一されている」ということが確認されました。

ところが，「著者名も印刷されていないような30〜100ページほどの小冊子の〈そろばん〉の本」20冊の場合は，円周率も円積率も出していない本が5冊ありましたが，その他の15冊のうち13冊は，円周率を3.16としていました。

　　（残り2冊のうちの1冊には著者名も記してあって円周率を3.1416としてあり，もう1冊は，円周率を「場所によって 3.16 と 3.14159 の二種類の数字」を使っていました）

少しこまかな数字をあげましたが，結論的にいうとこういうことになります。——著者名も明らかにしているような本の場合は，すべて円周率を 3.14… としているのに，著者名も不明な〈初歩的なそろばんの本〉の場合は，すべて円周率を 3.16 としていたのです。

どうしてそんなに見事に分かれたのでしょうか。その一つの理由は，こうも考えられます。

江戸時代の〈そろばん書〉に圧倒的な影響力をもっていた『塵劫記』と『改算記』が，1680年代に二冊とも，「円周率はくわしくは3.14だ」と認めたのに，本文そのものは改めずに，注記した

だけで済ませたことです。そこで出版者の中には，古い『塵劫記』や『改算記』の文章をそのまま印刷して売り広めた業者がいたのです。

しかし，それだけとは言えません。それらの〈そろばん入門の本〉の出版者たちの中には，「知識人の中にも3.14という円周率を疑っている人がいる」ということを知っている人がいて，わざと伝統のある〈平方根10〉の円周率を残したとも考えられるのです。

●円周率の計算法への疑問に答える説得法もあった

それなら，当時の日本の数学者たちは，荻生徂徠や橘南谿のような識者の疑問に対して，円周率＝3.14が正しいと言える根拠をどのように示せばよかったのでしょうか。

そんな素人の疑問に答えることは，当時の日本の数学者にはとうてい出来っこないことだったのでしょうか。

いや，そうとは言えません。

じつは，当時のヨーロッパの数学者たちは，すでに，

「他分野の学者たちをも完全に納得させるには，どういう議論をしたらいいか」

ということを知っていました。

数学，とくに図形の数学では，「すべての人びとを完全に納得させる議論をもとに真理を決める」という学問の伝統は，古代ギリシアの時代から確立していたのです。

そこでヨーロッパの数学者たちは，この円周率の議論でも，円周の長さを計算するとき，その円周の内側に正多角形を描いてその長さを計算で求めるほかに，次の図のように，その円周の外側にも正多角形を描いていって，そ

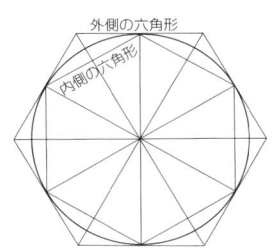

の辺の長さも計算してみせる方法をとっていました。

　こうすると，図を見ただけで，誰でも，
　　「円周の長さは，外側の正多角形の辺の長さよりも短く，内
　　　側の正多角形の辺の長さより長い」
ということが分かります。

　そこで，その二種類の辺の長さを計算して，「〈本当の円周の長さ〉は，その二つの長さの間にある」ということを示していたのです。

　それなのに，日本の数学者たちは，そうやって人びとに「自分たちの円周率の数字が正しいのだ」と説得しようと努力しませんでした。だから，古い3.16という円周率を信用していた人びとは，なかなか3.14という新しい円周率を信用することが出来ないでいたのです。そこで，〈初歩的なそろばんの本〉では，円周率の大きさを3.16のままにしたのです。

　そこで，村松茂清だって，せっかく「正3万2768角形」までの辺の長さを計算して，3.1415926487776988869248 という数字を出しながら，「その数字がどこまで正しいか」自分でも判断できなかったのでした。

　村松茂清は「円周の内側に書けるいくつもの正多角形」を考えて，その辺の数を計算することが出来たのですから，それと同じことを円周の外側に書ける正多角形についても計算することなんか，簡単に出来たはずです。しかし，彼は「そういう計算ができなかった」のではなく，「計算しようともしなかった」のです。そこで，他の人びとを説得できなかっただけでなく，自分自身をも納得させることが出来なかったのでした。

●こうすれば，だれでも円周率3.14と納得できる

　じっさい，「円周の内側の正多角形の辺の長さ」を計算してみ

ましょう。計算そのものはとても面倒ですが，正多角形の辺の長さは，次の表の数字のように増えていきます。

	内側の正多角形の周	外側の正多角形の周
正6角形	3.0000000	3.4641016
正12角形	3.1058285	3.2153903
正24角形	3.1326286	3.1596599
正48角形	3.1393502	3.1460862
正96角形	3.1410320	3.1427146
正192角形	3.1414526	3.1418730
正384角形	3.1415577	3.1416627
正768角形	3.1415647	3.1416101
正1536角形	3.1415904	3.1415970
……	……	……

同じような計算を「円周の外側に描いた正多角形の辺の長さ」についても，やってみると，上の表の右側の数のように減っていきます。〈本当の円周の長さ〉は，この二つの数の間にあるはずなのです。

そこで，たとえば正1536角形の場合，この二つの数字をもとに，

「円周率は 3.1415904 より大きく，
　　　　　3.1415970 より小さい」

と，完璧(かんぺき)に証明することができたはずなのです。つまりこの場合，円周率は，両方の数字が一致する「 3.14159 」と言っていいのです。

当時の日本の数学者だって，同じようにすれば，荻生徂徠や橘南谿のような数学の素人の疑問に答えて，十分納得させることは出来たはずなのです。

つまり、江戸時代の日本の数学にはまだ、古代ギリシア以来の数学の伝統である「すべての人びとを納得させずにおかない研究法」が確立していなかったのです。

● 「人びとを完全に納得させよう」と
　一生懸命にならなかった江戸時代の数学者たち

それなら、江戸時代の数学者の中には、ヨーロッパの数学者のように、円の内側に接する正多角形と同時に、円の外側に接する正多角形の辺の長さも計算してみた人は一人もいなかったのでしょうか。

じつは、一人だけはいたことが分かっています。

鎌田俊清（1678〜1747）です。この人は、『宅間流円理』という本を書いて、円周に内側と外側から接する正多角形を考えて、その辺の長さを計算して、円周率の上限と下限をきめていました。

しかし、その本は手で書き写されて読まれただけで、印刷されることがなくて、広く普及しませんでした。そこで、その研究を受け継ぐ人は一人も現れませんでした。残念なことです。

結局、江戸時代の日本には、「誰でも納得する理屈」を大切にする数学研究法が生まれなかったことになります。

じつは、日本の産業活動は、江戸時代の前半にはとても活発だったのに、1700年ころから不活発になり、人口も増えなくなって、1720年ころ以後、社会がほぼ完全に停滞しました。産業活動が異常に活発なときは、その熱気で多くの人びとが同じように結論する雰囲気があったのですが、その状態は長続きしなかったのです。だから、活気だけで真理を維持出来なくなって、「円周率の数字もそれ以前の状態に戻ってしまった」とも言えるのです。

そういうときに真理を守るのは、本当に「誰でも納得せざるを得ないような科学」の力なのです。江戸時代の数学には、まだそ

の力が不足していたので，円周率だって，後戻りしてしまったというわけです。

江戸時代の日本の数学は，じつは1700年より前に，中国の数学研究の水準を突破していました。「江戸時代の日本の数学をそれほどまでに高めるのにもっとも功績があったのは誰か」というと，日本の数学史の研究者は決まって，関孝和（1637/42?〜1708）の名をあげます。

彼は自分の数学研究の成果に自信をもったとき，その論文を漢文で書きました。それまで彼は，「中国の数学者の研究のほうが，日本よりもずっと進んでいる」と思っていたので，「自分の研究成果を中国の数学者たちにも読んでほしい」と思ったのです。ところが，その頃には日本の数学研究のほうが進んでいて，中国には彼の数学論文を理解できる人がいないことが分かったのでした。

その後，日本は明治維新を迎え，欧米の科学／文化を全面的に受け入れて新しい近代社会を築くことになったのですが，そのとき，「数学だけは，欧米の数学から学ぶことがあまりなかった」と言われることがあります。

しかし，円周率のことを見ても，日本の数学は，江戸時代の最後まで「誰でも納得のいく学問」になっていなかったことは明らかです。江戸時代の数学者たちは，最後まで，「すべての人びとを完全に納得させよう」と一生懸命にならなかったと言えるのです。

日本の円周率は，明治維新以後，古代ギリシアの科学の伝統をついだ西洋の数学を全面的に受け入れるようになってはじめて，「誰にでも納得のいくもの」になったのです。

（「解説」次ページ）

読本解説

新潟県魚沼市大沢にある「科学の碑」には,

> 科学,それは,大いなる空想をともなう仮説とともに生まれ,
> 　討論・実験を経て,大衆のものとなって,はじめて真理となる

という文章が刻まれています。

ふつう,こうは言いません。「仮説・討論・実験を経て,真理となる」とは言っても,「大衆のものとなって,はじめて」などとは言わないのです。その碑に,ことさら「大衆のものとなって」と刻んであるのは,これが科学教育の仕事をしてきた私の書いた文章だからです。科学者たちによって発見されてすでに「真理」と見なされるようになったものでも,それが「大衆／庶民のものにならなければ,真理と見なさないほうがいい」と私は思うのです。

ニュートンは,「虹は七色だ」と言ったので,日本でも明治維新後,それが「真理」として教えられてきました。しかし,ふつうの人には虹は七色には見えません。そこで,その後米国の科学教育の研究者によって,そのことが明らかにされました。そこで,今では日本でも,「虹の色は,六色ぐらいしか見分けられない」と認められつつあります。科学者たちによってすでに「真理」と見なされてきたことでも,大衆のものとなるに当たって修正されるようになったのです。

虹の七色問題に関しては,私自身,

◎板倉聖宣著『虹は七色か六色か――真理と教育の問題を考える』仮説社(2003)という小冊子を書いているので,ご参照ください。

さて今回の話題――「日本の江戸時代の数学者たちも,1600年代には「円周率は3.16でなくて3.14だ」ということを明らかにしていたのに,

その知識は百年以上ものあいだ，大衆のものとならなくて，明治維新以後になってはじめて，大衆のものとなって受け入れられるようになった」という事実を発見／確認したのは，私自身です。

この話の元になっている事実はすべて，私が中村邦光さんと共同で研究した成果をまとめた次の三つの論文——
① 「江戸時代の円周率の値——江戸時代の学問と通俗書の間」，『科学史研究』第143号（1982年秋）
② 「円周率3.14の受け継ぎと定着の過程」，『科学史研究』第148号（1983年冬）
③ 「円周率3.14の動揺と3.16の復活の謎」，『科学史研究』第151号（1984年秋）
で明らかにしたものです。上記の三論文はすべて，
◎板倉聖宣／中村邦光／板倉玲子共著『日本における科学研究の萌芽と挫折——近世日本科学史の謎解き』仮説社（1990.5刊）
に再録してあります。

　私は前まえから，「その研究成果を，科学史の専門家以外の一般の人びとにも広く知らせたい」と思っていましたが，なかなかその機会を得ず今頃になってしまいました（じつは『数学セミナー』に書いていたことを忘れていた）。そこで今回，説得的な文章にまとめるために，何回も書き直して，やっと書きおえることができました。

　中学生でも読めるように，また「数学の先生以外の方がたにも広く読んでほしい」と考えて書きました。もとの論文には書いてなかった〈社会経済的な話題〉にも言及しましたが，その部分はあまり深入りせずに読んでみてください。普通の中学生にはあまり読んでもらえないかも知れませんが，学校の先生方にはぜひとも知っていただきたいと思っています。

科学と数学

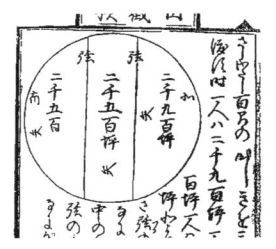

イラスト:『塵劫記』より

● 「近代科学の最大の特長は,実験と数学の利用にある」
 という考え方

　一般に科学と数学とは密接不可分の間柄にあると思われている。科学史家たちの中にも,「近代科学の最大の特長は,実験と数学の利用にある」と力説してやまない人びとが少なくない。そこで,その教説を真(ま)に受けた「おくれた」研究分野の人びとの中には,自分の研究分野の中になんとか実験と数学とを持ち込んで,「近代的なよそおいをもった科学」に仕立てあげたいと懸命に努力する人びとが後をたたないようである。たとえば,心理学,教育学,経済学,歴史学,国語学といった分野である。とくに心理学ではフェヒナーなどが,実験的で数量的でもある「精神物理学」という新研究分野をひらくことに成功したこともあって,その後も物理学や数学の進展に見ならって心理学を開拓しようという発想が根強く続いているように見える。「場(ば)の物理学」が成立すると,「場(ば)の心理学」が生まれたのもその一例である。

　上にあげた例でも見られるように,物理学に見習って他の諸科学に数学を導入して開拓する試みは,ときにはかなり大きな成果

＊初出:『岩波講座・基礎数学』の「月報」11(1983年2月)／
　『私の発想法』仮説社,1995年11月刊,所収

をあげたということはたしかなことである。だから，そういう努力を無益なものと断ずることはできない。しかし，後進科学の分野に実験と数学とを導入しようという人びとの試みの中には，まったく見当ちがいで，はじめから徒労に思われるものも少なくないこともたしかなようだ。私の直接関係している教育学の分野では，とくにそういう例が多いように思われてならない。

　ある分野の研究に実験や数学が導入されるためには，その研究対象に関する基礎概念が，実験や数学の導入に耐えうるように十分明確に整理されていなければならない。そういう準備なしに「実験」とか「数学」とか称するものを導入しても，それによってその研究分野は厳密な学問＝科学となるどころか，ますますアイマイモコとしたものになってしまう。いつでもどこでも既成の数学が使えるわけではなく，「研究対象に固有な数学的構造」によって有効な数学も違ってくるし，多くの場合は，その研究対象の研究をもとにして新しい数学を作り出さなければならないのである。

　ところが，「実験と数学とが近代科学の最大の特色だ」と聞かされてきた人びとは，そんなことにおかまいなしに，やたらに既成の数学や実験を持ち込むから，わけのわからぬ，実践的に何の役にも立たぬ学問ができあがるのである。「教育統計学とか教育工学などという分野は，全体的に言ってまだ確かな基礎をきずくのにも成功していない」と言って差し支えないのではなかろうか。

● 近代科学の最大の特色は，実験と原子論的な観点にある

　私の考えによると，そもそも「近代科学の最大の特色は実験と数学とにある」とする見方そのものが間違いなのである。強いて「近代科学の特質を二つあげろ」と言われたら，私は「実験と原子論的な観点」をあげる。「数学は実験と原子論とがもとになっ

て導入された」と言った方がよいと思うのである。

　近代科学の特質として数学が取り上げられるのは，ガリレオやニュートンの建設した運動力学が数学的に見事な体系をきずきあげるのに成功したからである。また，ガリレオなどが，自然の研究における数学の重要性をしばしば力説していたからでもある。たとえば，ガリレオはギルバートの磁石についての研究を高く評価したが，それとともに「ギルバートの磁石研究が数学的な厳密さをもっていない」ことに不満の意を表していることが，その例としてあげられている。

　それでは，ガリレオなら磁石をどのように研究したというのだろうか。じつは，ガリレオ自身もギルバートにならって磁石を研究しているのだが，これといった成果をあげることができなかった。ギルバートは「天然磁石に鉄の鎧を着せると，その磁力が2～3倍になる」ことを明らかにしたが，ガリレオはそれを60倍とかに高めるのに成功した。そこで，その理由をいろいろ詮索しているだけに止まった。磁石の研究は，それを数量的にしようとしても，そんなことができる段階にまで達していなかったのである。それにガリレオは，「自然研究に数学を持ち込む」というよりも，「論理的な厳密性をもった数学（幾何学）をモデルにして自然学をも論理的に厳密にしようとした」と言った方がよいだろう。そんなこともあってか，かれは重力の加速度の大きさをきめることにもまったく無関心であった。かれが「たとえば」としてあげている重力加速度の値は $5\,\mathrm{m}/\mathrm{sec}^2$ という値で，正しい値の半分でしかない。

　力学の次に近代科学として確立された分野は，ラヴォアジェとドルトンの化学ということになるが，ここでは数学はほとんど重要な役割をはたしていない。数学的といえば，「質量不変の原理／定比例の法則／倍数比例の法則」が重要な役割をはたしてい

るが、これらは「数学的」というよりも、「原子論的」である。物理学の分野では、1600年代に原子論が確立したが、1700年代から1800年代になって化学分野でも原子論が勝利し、それによって数量的な取り扱いができるようになったのである。ドルトンなど、とくに数学のできる人ではない。

化学分野の次に問題になるのは、電磁気学である。場の電磁気学を建設したのはファラデーであるが、ファラデーの数多い論文のどれを見ても、一つとして数式など出てこない。当時、数学をフルに活用して電磁気学の研究を押し進めたのは、「ファラデーの場の電磁気学の構想」と対立する遠隔作用の立場にたつ人びとであった。この場合、「かれらは電磁気学に既成の数学を適用しようとしたばかりに、かえってファラデーの場の概念の着想の素晴らしさに気づきそこなったのだ」と言えるであろう。それに反して、ファラデーは既成の数学を知らなかったからこそ、それにとらわれずに「場」という新しい数学的な構造をとらえることに成功したのである。マックスウェルは、ファラデーのつかんだ場の概念を忠実に新しい数学用語に置き換えることによって、「場の電磁気学」を完成させることができたわけである。この例を見ても、科学にとって肝心なのは数式ではなくて、「その対象の固有の数学的構造」であることが明らかである。

科学にとって数学が重要な役割をはたすのは、「それが厳密な論理の展開を保証し、理論の実験的検証に確実な基礎を提供することにある」と言ってもよいであろう。だから、対象の特殊な構造について十分検討もせずに、やたらと既成の数学を押しつけると、かえって対象の構造が不明確になり、何がなんだかわからなくなってしまうのである。

これまで私は、「既成の数学をやたらに持ち込むとかえってごまかされることがある」ということを強調してきたが、もちろん、

その逆のこともある。ごく単純な数理を適用さえすればごまかされないはずなのにごまかされてしまっている問題も少なくないようだ。その一例として、私が数年前気づいて以来、多くの人たちに出題してきた一つの問題を紹介しよう。

●「江戸時代の農民は何を食べていたか」という問題

　それは、「江戸時代の農民は何を食べていたか」という問題である。もちろん、農民といってもいろいろの人がいる。そこで、ここでは「全国の農民と江戸時代を平均して」考えることにする。そして、「1年間に農民たちが主食としてもっとも多く食べていたものは何か」ということを問題にすることにする。その答えとしては、「ア．米」、「イ．アワ・ヒエ・ソバなどの雑穀類」、「ウ．その他」としておこう。さて、この文の読者の方々はどう答えられるであろうか。

　こういう問題を出すと、だれでも一瞬とまどいを感ずるようである。しかし、やがてたいていの人は、おそるおそるでも答えてくれる。その結果、まず9割の人びとの答えは一致する。「イ．アワ・ヒエ・ソバなどの雑穀類だ」というのである。そう考える理由にはいろいろなものがあるが、だいたい次のようなものが圧倒的に多いようだ。

　その一つは、①「歴史の時間にそう教わった」とか「歴史の本にそう書いてあった」というのである。そして、②「江戸時代の農民は〈六公四民〉とかいって、自分たちの作った米も大部分、年貢として取られてしまったから、アワ・ヒエなどを食べなければならなかった」「そこで一揆などおこしたのだ」といった内容がつけ加えられることも多い。③「うちの亡くなったおばあさんは、よく〈昔は米など食べられなくて、アワ・ヒエばかり食べていた〉と言っていた」とか、「昔（江戸時代）の人の書いたものを

見ると，〈農民はアワやヒエなど雑穀ばかりしか食べられなかった〉というようなことを書きしるしたものがたくさんある」という個別的・直接的な証拠を持ち出す人も少なくない。それで大部分の人が，「江戸時代の農民の大部分は，米よりアワやヒエなどの雑穀の方をずっと多く食べていた」と答えるわけである。

　そこで，私は次のように聞くことにしている。「それなら，江戸時代に日本でもっとも多く収穫されていた農産物は何だったか」というのである。それは米か，それともアワやヒエか」というのである。すると，この問題には誰でも「それは米だ」と答える。「アワやヒエなどの雑穀が米と同じくらい生産されていた」とは考えることもできないと言う。そこで，「当時の穀物生産の6〜7割は米で，その他の雑穀が3〜4割だった」と仮定することにしよう。そのうち6割が「年貢」として武士に取られてしまうとすると，農民には全体の穀物生産の0〜1割の米と3〜4割のアワ・ヒエが残ることになる。そこで，これだけが農民たちの食べ分だとすると，農民は米よりアワ・ヒエの方を多く食べていたことになる。これなら大部分の人びとの考えが正しいことになる。

　ところが，上の話にはおかしなところがある。年貢米として全穀物生産の6割を取り上げた支配者たちは，「それを全部彼らだけの間で食べてしまったのか」という問題である。もちろん，その米は町人の方にもまわっていたはずである。ところで，江戸時代の士族と町人とは，あわせて全人口の1割前後だったという。とすると，日本の全穀物生産の6割を全部，人口1割の人びとが食べたと考えるのは，どう見てもおかしい。武士＋町人の数が全人口の1割前後なら，その人びとが直接口にする量は全穀物生産の1割前後と見た方がよい。酒になる分もあるだろうから，それより少しは多いかもしれないが，せいぜい1〜2割の間であろう。

それなら，年貢として取り立てられた全穀物生産の6割に当たる米のうち，この士族・町人が食べる分を差し引いた残り4〜5割はどうなるか。これは，まさか棄てられるわけではないだろう。まわりまわって農民たちの口に入るはずである。もちろん，ただでその米が農民たちのところにもどってくるわけもない。農民たちは，ときには娘を売ってまでして，さまざまな方法で現金収入を得る道を講じ，それで米を買い戻していたわけである。とすると，結局のところ，全穀物生産量の1〜2割を占める米が武士と町人が食べたり酒となったりして，残りの全穀物生産の4〜5割の米と3〜4割の〈アワ・ヒエ〉が農民の口に入ったことにならないか。つまり，江戸時代の農民は，全体的に言えば「アワ・ヒエよりも米の方をより多く食べていた」と言ってよいことになる。

● 社会の問題への「物質不滅の原理」の適用の問題

こういう話をすると，多くの人びとは「何かごまかされたみたいだ」という。しかし，この議論は，①「江戸時代の日本の全穀物生産の6〜7割は米だ」ということと，②「年貢として納められた米がどこかで消えてなくなることはない」という「食料不滅の法則」との二つだけをもとにしてできているのであって，「この二つが成り立つ限り，江戸時代の農民はやはり米の方を多く食べていた」ことになるわけである。

　　（もし，①の仮定があやしくて，「江戸時代の米の生産は全穀物生産の6割にも達していなかったのだ」というのなら，そのことを書いてくれない歴史の教科書はずいぶん欠陥があることになるだろう）

それなら，人びとはどうしてこういう結論に思い到らなかったのだろうか。それは明治以後，体制側も反体制側も，「江戸時代の農民はアワ・ヒエばかりを食べていた」と教えることについて

は利害を共にしているところがあったからではないだろうか。体制側からすれば，「江戸時代の農民はそんなにも苦しかった。しかし，明治の御代になってから農民も豊かになった」と言いたいわけだろう。また反体制側は，「いつの世の中でも，本当に働いている人びとはあくどい搾取をされてみじめな生活をしてきた」と教えることに熱心だったからである。

　私はこの例をもとにして，なにも「江戸時代の農民の生活は言われるほど苦しくはなかった」ということを言いたいわけではない。そのことなら，「農民が米を買い戻すためにどれだけ余分な労働をし，悲惨な生活をしなければならなかったか」ということを付け加えれば，さらに農民の生活の苦しさ，みじめさが指摘できるわけである。私はただ，「ごく簡単な数理的な論理の展開もしてみせない歴史（とその教育）」の非科学性を指摘しておきたいだけである。

　こんなことを言うと，ある人びとは「江戸時代の農民がいかにアワ・ヒエしか食べられなかったか，ということを書いた日記その他の資料がこんなにあるぞ」といって，たくさんの史料群を教えてくれるかもしれない。私もそういう史料がたくさんあって不思議はないと思う。前提として「米を食べるのが当然」という現実と考えとがあって，ときとしてその米が十分に食べられないという現実に見舞われたとき，はじめて「アワ・ヒエばかり食べなければならない」現実が強く印象に残るものだからである。「そういう史料がたくさん残っている」ということは，かえって「農民だってふだんは米の方をより多く食べていた」という証拠になるかもしれないのだ。

　それに，農民一揆について少し調べてみても，一揆のスローガンは必ずしも「年貢減免」ではなかったことが明らかである。じつは，農民一揆の要求スローガンの中には，「米価値下げ」とい

うものが非常に多いのである。これは，農民が米を買い戻していたことを物語っている。その他，この問題についてはいろいろの間接証拠があげられる。たとえば，勝海舟の父親勝小吉は少年時代に乞食となって東海地方をさまよったときのことを書き残しているが，その乞食の小吉少年が家々をわたり歩いてもらった穀物も，米が大部分で，あとは麦なのである。ふだん米を食べられない農家の人びとが「乞食には米をやる」などということがあるだろうか。こういうことを考えてみても，やはり，「江戸時代の農民は平均して米と雑穀とのどちらをより多く食べていたかといえば，それは米であった」と言わざるを得ないと思うのだ。

話がとんだところに脱線したような恰好だが，私はこれも「科学と数学の話」として見落とせない話だと思うのである。歴史における物質の動きの構造をつかめば，そこに数理的な論理も展開できるし，そうすれば，「たまたま書かれて残存している史料」だけをもとにして歴史を構成するよりもずっとたしかな歴史ができることは間違いないであろう。

〔追記〕最後の「江戸時代の農民は何を食べていたか」という話題については，私がその後もっと詳しく調べて，『歴史の見方考え方』（仮説社，1986年）という本にまとめてあります。

遠山さんと私

―― 水道方式と仮説実験授業

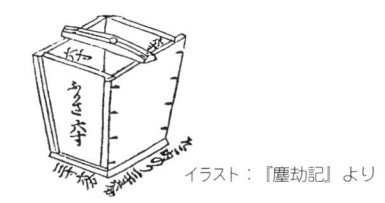

イラスト：『塵劫記』より

　私が遠山啓（1909〜1979）さんのことをはじめて知るようになったのは何時のことだったか，どうも記憶がはっきりしない。

　私は，高等学校の学生時代に小倉金之助さんの『数学教育の根本問題』（1924）を読んで感動し，さらに小倉さんの訳補した『カジョリ・初等数学史』（1928）を読んで科学史に志した。だから，私は数学史と数学教育とのどちらからも遠山さんに近づいていったことになる。しかし，私が遠山さんの存在を強く意識するようになったのは，岩波新書『無限と連続』（1952）を読んでからのことといってよいようだ。

　そのころ，私は大学で自然弁証法研究会を組織していたが，3年後輩の佐伯秀光君が遠山さんの『無限と連続』を読んで感動し，私にもすすめてくれたのである。「日本の数学者にも，弁証法を使いこなせる人が少なくともここに一人はいる」。私たちは遠山さんをそう評価した。「近藤洋逸さんはすぐれた数学史家ではあるが，その弁証法は使いものにならない」。そんなきびしい評価をしていた私にとって，遠山さんの『無限と連続』は全く力強い本であった。私たちは，さっそく，研究会主催の連続講演会の講師を遠山さんにお願いすることにした。遠山さんの講演はボソボ

───────────
　＊初出：『数学教室』1980年3月号，国土社

ソしたものであまり迫力のあるものとはいえなかったが，私たちを十分満足させてくれた。

　その後，私は遠山さんの書いたものも全くよんだことがなかったようだ。それでも私はずっと「遠山さんという人は学問的にあてになる人だ」と思いつづけていた。そのご私は大学院をおえて国立教育研究所に就職した。その頃私は小倉金之助先生を病床におたずねする機会に恵まれたが，小倉さんは，「僕は教育はきらいだ」といった意味のことを強くいわれ，科学史の話ばかりされた。私は本気で科学教育の仕事をしたかったのだが，教育の世界には，小倉さんが嫌悪したような学問以前のくだらない問題が沢山あるのは明らかだった。私はそれと真向から立ち向ってもいいから科学教育の仕事をやるつもりだった。ところが，就職先が大学ならともかく，文部省直轄の研究所では動きがとれないように思えてならなかった。そこで当初私は研究所を脱出して大学に移ることを前提に仕事をすすめた。私が水道方式のことを伝えきいたのはそのころのことであった。

　水道方式について私は遠山さんたちの書いたものを読んで知ったのではなかった。耳学問で「遠山さんが数学教育の画期的な方法を開発した」という話をきいただけであった。しかし，それだけでも私は，「きっとそれはすばらしいものにちがいない」と信用することができた。中学時代からの友人岩城正夫君が水道方式と遠山さんのことについて熱っぽく私に話してくれたので，私は水道方式について一通りのことを耳学問だけで知ることができたのだった。

　私は，この遠山さんの仕事に大きく勇気づけられた。「水道方式ぐらい確実な成果をあげることができれば，国立教育研究所でもなんとかやって行けるだろう」と思うことができたからである。それに，それから間もなくアメリカから「PSSC物理」が伝わっ

てきた。アメリカでPSSC物理を作りあげた若手の物理学者たちは,「PSSC物理の教科書をすぐに日本の高校教育にとり入れるべきだ」と力説したが,文部省関係者は,自ら作った指導要領の建前上どうにもならない状態にあった。それでいて,文部省関係者はPSSC物理に好意をもちつづけていた。私は,水道方式とPSSC物理をみて,「いまがチャンスだ」と感じた。そこで,それまで意識的に避けていた「物理教育を全面的に改革する研究」をはじめることを決意した。

　新しい物理教育改革の構想は,私の大学院時代からかなりまとまっていた。自然弁証法研究会時代に身につけた予想論と実験論の考え方をそのまま授業の中にもちこめば,それだけでも大きな成果があげられるはずであった。じっさい,それは上廻昭さんたちによって見事に証明された。そこで私は,その新しい授業組織論と授業運営法に対して「仮説実験授業」という名称をつけ,それを本格的に研究することにしたのであった。1963年のことである。

　そのころ遠山さんは,私が江沢洋さんと共著で書いた『物理学入門』(国土社)を書評してくれた。しかし,私はその後もずっと遠山さんとお会いすることがなかった。もともと私は偉い人と会うのがとてもおっくうなのである。しかし,岩城君は偉い人とつきあう術をもっていて,遠山さんとも親しくつきあっているらしかった。それで私に遠山さんのことを話してくれるばかりか,遠山さんに私のことや仮説実験授業のことを話してもくれているらしかった。それで私はなんとなく遠山さんに親しくしてもらっているような気がしていた。

　遠山さんは,数教協の兄弟団体ともいうべき科教協(科学教育研究協議会)が,水道方式のような独自の科学教育の改革プランを創り出さないのが不満のようであった。科教協といえば,東工

大での遠山さんの同僚の田中実さんがその委員長であった。もしかすると，私が遠山さんとはじめてお会いしたのは，その田中実さんの研究室を訪問したときのことであったかも知れない。私は学生時代から何度も科学史の研究に関して田中実研究室をたずねていったことがあったのである。

　田中実さんはもともと化学史の研究者で，遠山さんとも親しかったようだ。田中さんの科教協組織も遠山さんの数教協組織と軌を一にしていたといっていい。しかし，田中さんは遠山さんのようには教育にのめりこむことがなかった。年齢は田中さんの方が２〜３歳上だったろうが，東工大では田中さんは不遇だった。数教協をはじめたとき，遠山さんはすでに学位も得ており教授になっていた。しかし，田中さんは万年講師で，学位もまだだった。そんなことも微妙に影響していたのであろう。遠山さんは数学そのものの研究を放棄してまでも数学教育にのめりこんでいったのに，田中さんはついにそこまで行かず，あくまで科学史の研究者であろうとしつづけた。

　一方私は，仮説実験授業の成功に力を得て，科学史の研究を放棄して教育の研究に全力を投球するようになった。「教育の世界にはそれだけのやりがいのある仕事がある」と考える点で，遠山さんと私とは共通の考えをもっていたようだ。それで私は田中さんよりも遠山さんの方に共感することができたし，遠山さんも私や仮説実験授業に関心をいだいてくれていたようだった。いや，そればかりではない。伝えきくところによると，遠山さんは，「何故，科教協は板倉君を委員長として仮説実験授業を本格的にとりあげないのか」といった批判さえもっていたようだ。じつは，これについていえば，私は遠山さんとは異なる組織論をもっていたので，私自身が科教協そのものが仮説実験授業を全面的にとりあげるようになるのに消極的だったのである。

こんなわけで，遠山さんと私とは個人的に親しくつき合うということはなかったのに，なんとなく親しみを感じていたのである。それで，結局私が遠山さんと個人的に接触するようになったのは，雑誌『ひと』（太郎次郎社）を御一緒に創刊する話がもちあがってからのことである。

　この話を私のところにもちこんできたのは，遠山さんの指示で社会科教育を研究していた白井春男さんだった。1972年春のことだったと思う。「遠山さんが母親向けの教育雑誌を出そうというのだが，一緒にやらないか」というのである。私をさそったのは，遠山さんの希望であるという。私はうれしいとは思ったが，すぐにはのらなかった。「母親向けの教育雑誌というのなら，やれそうもない。教師向きならやりましょう。ただ，教師向きといっても，母親でも十分読めるような雑誌でなければ成功しないと思う。いまある雑誌はやたらにむずかしく，言葉の意味も通じない。〈母親でもよめる教師向けの雑誌〉というのはどうでしょう」と提案した。白井さんとはそれより前，四条畷学園小学校での立合講演会で一緒になったことがあり，こんどが二度目の顔合せであった。この話は，結局，遠山さんも私の考えに同意されて，急速に話がすすんだ。もっとも，はじめて遠山さんの別荘で私たちが初顔合せをしたとき，出版をひきうけるはずの浅川さんや白井さんは，「季刊誌でなければ出せそうもない」といったが，私は「月刊誌でなければやる意味がない」と強く主張し，遠山さんも同意されて月刊誌とすることになった。また，その雑誌の創刊の話をすすめる一方で，私は「数学，自然科学，社会科学などでの教科教育研究の成果の交流をはかるために，たがいに教え合い学びあう研究会―講座―塾のようなものを組織しよう」と提案し，遠山さんも積極的に賛成されたので，これも実現することになった。「ひと塾」である。

雑誌『ひと』を創刊するまで，私は教育全般について発言するのをひかえていたのだが，じつは，仮説実験授業の研究運動をすすめていくなかで，とくに評価論など教育問題全般にかかわる問題を研究しはじめる必要を感じていたのだった。そこで，これを機会に，遠山さん，白井さんたちと一緒に教育問題全般の研究を公然と開始することになったわけである。遠山さんは，私などよりもずっと早くから，教育問題全般について指導的な発言をされていたが，『ひと』の創刊によって日本の教育運動全般にわたるその指導性は決定的になったといえるであろう。

　『ひと』の創刊や，ひと塾でのおつき合いを通じて知った遠山さんは，全くタフな方であった。私よりも20歳も年上なのに，私より頑健であるように思われた。だから，遠山さんが「100歳まで生きて仕事をする」といわれても，たんなる冗談とは思えなかった。「僕の方が先に死ぬ」と私は本気で思っていた。それなのに，突然亡くなられて……残念でならない。

　私は偉い人とつき合うのがおそろしくて，にが手だが，遠山さんはつき合いやすい人だった。気むずかしいところもないわけではないが，私個人はそんなふうに感じたことはほとんどない。私たちは，ふつうの仲間と同じようにいいたいことをいいあった。私には，そんなふうにおつき合いのできた大先輩は他にはいない。もちろん，遠山さんと私とでは考え方にちがうところもあった。組織論の上では，遠山さんはとても慎重であった。そんなところでは私とはっきりくいちがったところも二三ある。そんなときには，若い私の方がゆずるに限る。しかし，組織上のこと以外では，私は何も遠慮せずにものを言った。それでお互いに多くのものを学び合うことができたと思う。私が『ひと』の創刊の中で遠山さんから何を学びとったか，いまのところそれは自覚するのも困難なほどたくさんあったようだ。その一方遠山さんが私たちの仮説

実験授業の研究の成果や考え方に影響されたことも少なからずあったことと思う。それだけでも私は「いいことをした」と思うことができた。社会全般に対する私などの影響力はたかが知れたものだが，遠山さんを通せばその効果ははるかに大きくなるからである。

　気楽に話し合って一緒に仕事をすすめることのできた大先輩，遠山さんはすでにいない。私はいま一歩も二歩も退却して，自分の力に合った仕事を着実にすすめるより他ないと思っている。

(1979.12.26)

授業書案《勾配と角度》

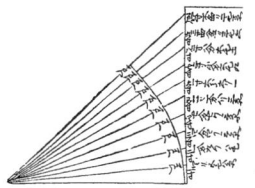

イラスト:『塵劫記』より

● はじめに

「勾配と角度」という授業書案がまとまりましたので,ご紹介します。いつもは,少なくとも数クラスで実験授業を行なってから公表するのですが,今回は「案」の段階でいきなり発表して,改定の過程も見られるようにしてみることにしました。ご検討のほど,お願いします。

じつは,この授業書は,《図形と角度》という授業書案とひと続きのものとして作成されてきたものですが,それを二つに分離したものです。《図形と角度》では,「三角形の内角の和は180度」という幾何学の定理の証明が中心になっています。「幾何学での証明の最初の授業」ともいえるものです。はじめは,そのような〈「幾何学の証明」はどのように授業したらいいか〉ということが気になりました。そこで,「その授業をするためには,その前に「角度」の授業書も作っておく必要がある」というので,この《勾配と角度》という授業書を作ることになったのです。ところが,二三の機会にこれらの授業書の構想を話したところ,この《勾配と角度》の授業書の部分には,いまの小学校の先生方も知らないことが少なくないこともあって,思ったよりも好評でした。

───────────

＊初出:『たのしい授業』1993年7月号（No.130）／同誌2001年11月臨時増刊号に再録。仮説社

そこで，授業書のその部分を独立させることにした次第です。

● 「たのしい数学の授業」の構想

さて，この《勾配と角度》という授業書案は，〈角度〉と一緒に「勾配」も教えるようになっているのですが，若い先生方のなかには，勾配について知らない人が少なくないようです。最近の算数・数学の教科書では勾配について教えなくなっているからでしょう。いまの文部省の『学習指導要領』やそれに準拠した教科書には，勾配のことは出てこないようです。そんなものをどうして教えようというのでしょうか。

じつは最近，小学校の算数の授業の改善案を考えるために，珍しく小学校の算数の教科書や参考書の角度のところを読んでみたのですが，あまりにつまらないのにびっくりしました。「これではたのしい算数の授業など，できっこない」と思いました。算数の教科書などに出てくる内容はあまりに現実ばなれしていて，「架空の数学」を教えているようにしか思えなかったのです。その授業では，紙の上に引かれた二本の直線の間の角度を測定させる作業は出てきますが，そういう角度の測定はどんなときに役立つのか，「現実とのつながりが意識できるような問題」は何一つ取り上げられていないように思われたのです。

私はなにも「算数の授業は現実の問題解決に役立つものでなければならない」とは思いません。その数学がいくら現実ばなれしていても，〈論理の展開の見事さ〉に感動することができれば，それはそれでたのしい授業になります。「三角形の内角の和は180度」という定理の発見は，そういう意味でたのしい授業になりうるものです。ところが，いまの教科書や参考書を見ると，その幾何学的な定理の証明の部分はあまりにも無感動にしか思えません。どうも，いまの算数の教科書・参考書の筆者たちは，「算数

の内容をわかりやすくしようと努力するあまり，数学の論理の厳密さを犠牲にしたり，現実的な問題を避けて通っている」ように思えてならないのです。

　そこで私は，「これらの教科書・参考書はどうして〈たのしい数学〉の授業を展開させるものになりえないのか」，全面的に検討せざるをえなくなりました。その結果，私は「すべての子どもたちにわかるように，やさしくやさしく書いていることが，かえってその内容を楽しくないものにしているのではないか」という皮肉な事実に突き当たることになりました。そして「〈わかる授業〉と〈たのしい授業〉との対立」を本格的に考えなおすことを迫られることになったのです。

　多くの人びとは，「算数・数学の授業がたのしくなくなるのは，算数や数学の内容がわからなくて，授業についていけなくなるからだ」と思っているようです。たしかにそういうこともあるでしょう。しかし私は，「これまでの算数・数学では，子どもたちが〈わかるに値する〉と思われるような内容を教えていないのではないか」と思ったのです。数学で「わかるに値する授業」をするには，子どもたちが「〈実用的に役立ちそうだ〉と思えるような数学的な知恵」や，「数学の論理的な見事さに感動できる事実」を教える授業をすることが大切でしょう。「数学の授業のたのしさ」というのは，「数学とは本質的なつながりのないゲーム」で誤魔化すことではないと思うのです。

　そこで私は，「数学の授業をたのしいものにするためには，まず〈子どもたちがわかるに値すると思えるような内容〉を教えることが必要だ」と考え，「いまの教科書・参考書よりも実用に役立つことや数学的な論理の面白さを前面に出す教育内容を編成しなおすことが大切だ」と考えました。そして，「たのしい授業の内容をもとにして，一人ひとりの子どもたちがそれなりにわかる

授業を展開できるようにすればいいのだ」と考えました。自然科学の仮説実験授業は，ふつう「出来の悪い子どもたち」も「出来のいい子どもたち」も歓迎してくれます。しかし，それらの子どもたちはみな同じように理解し感動しているわけではありません。一人ひとりの子どもの納得の仕方はいろいろで，同じ授業をしても，得るものはかなり違うのです。そこで，表面的には，ふだん「出来のいい子ども」も「出来の悪い子ども」も同じようにたのしめる授業ができるわけです。すべての子どもたちがまったく同じような理解と感動を期待する授業だったら，「出来のよい子ども」と「出来の悪い子ども」が同じようにたのしめる授業などできっこありません。

　自然科学の授業でも，あまりわかりやすいような授業をすると，「間延びがして退屈な授業」になることがあります。たのしい授業をするには，それなりのテンポが必要なのです。そこで私は，すべての子どもたちが〈数学の論理的な見事さ〉に感動できるように「定理の証明の授業のやり方」を工夫するとともに，子どもたちが「実用的に役立ちそうだ」と思えるような〈数学的な知恵〉を教える授業内容を構成してみることにしたのです。

　このうち〈定理の証明の授業のやり方〉については，授業書案《図形と角度》を紹介するときに詳しく説明するつもりです。そして，ここでは「子どもたちが〈実用的に役立ちそうだ〉と思えるような数学的な知恵を教える授業内容とはどういうものか」ということの一つの見本を提供したい，と思っています。

● 〈勾配〉の概念の有用性と〈角度〉概念

　さて，この授業書案では，角度と一緒に勾配を教えようというのですが，どうして角度と一緒に勾配などというものを教えようというのでしょうか。

授業書案《勾配と角度》　133

　じつは，角度というものは，日常的にはあまり役立つ概念ではありません。そこで，江戸時代の日本の数学者には，幕末に西洋数学がはいってくるまで〈角度という概念〉もなかったくらいです。江戸時代には，大工などの技術者も数学者も，角度の代わりに〈勾配〉の概念を用いて，それで満足していたのです。いまだって，直接的には「角度より勾配の概念のほうが役立つ」と言っていいのです。

　勾配というのは，〈斜面の傾きの大きさ〉を「ある長さだけ水平に進んだとき，その長さの何割だけ上昇するか」という〈長さの比〉で表したものです。いまの数学でいうと「〈タンジェント〉の大きさで表された角度」ということもできます。だから，勾配というのは，角度そのものではなくとも，角度に代わる役割を果たし得ます。そして，角度よりもわかりやすいので，角度を教えるときに導入的な役割を果たしうるのです。そのことは，この授業書案の内容を見ていただければ，具体的に理解できることと思います。

　日常的な生活では，「水平面または水平な直線」というものが，一般の平面や直線よりもずっと重要な意味をもっています。そこで，日常生活で〈斜面〉というのは，〈水平面に対してある角度で傾いた平面〉のことを言います。坂道が坂道であるのは，水平面に対してある角度で傾いているからです。そこで，勾配を教えるには，その前に「水平面・水平線」と，それに関連して「鉛直線」というものを教えることが必要になります。そこで，この授業書では，第1部「直角・水平・勾配」で，それらの概念を教えるようになっています。「坂道や屋根や階段や鉄道線路の勾配の話から角度の大小に興味をもってもらおう」というのです。

　ところで，「角度に先立つ概念として勾配を教える」という構想はなにも私の創案ではありません。じつは，私が小学生だった

ころの小学校の算術の教科書でも，角度と一緒に勾配のことも教えるようになっていて，それはそれで成功していたと思っています。この授業書では，最後に「鋭角／鈍角／凹角(おうかく)／平角／一回りの角」という〈言葉の約束〉があります。このうち「凹角」というのは，これまで一般に使われてきた術語ではなく，私が作った言葉です。ふつうには〈180度以上の角〉も「鈍角」と言って済ましているようです。しかし，90度以上の角をとくに〈鈍角〉と呼ぶのなら，「180度以上の角度も特別な呼び名を与えたほうが，〈そういう角度もある〉ということを鮮明に意識させるのに便利だ」と思って導入した次第です。四角形の中でも180度以上の外角をもつ四角形のことを，とくに〈凹四角形〉と呼ぶことがあるのですから，この〈凹角〉というのも不適切な呼び名とは言えないと思うのですが，どうでしょうか。

ところで，この話の中に「180度というのは不思議な角です」(147ペ)と書いてありますが，授業書案《図形と角度》の中では，その〈不思議な角度〉の話を発展させた考え方がでてくるようになっています。「数学の論理の面白さ」というのは，〈屁理屈の面白さ〉に通ずることもあります。そこで，数学の授業では，そういう「屁理屈も楽しめるようにしたほうがいい」と思うからです。

● 第2部「角度と分度器」と 第3部「視角」

さて，この授業書では，第2部「角度と分度器」でいよいよ角度に入ります。しかし，分度器というのはとても便利な道具のようでいながら，学校を出たらまず使うことがありません。私の分度器も机のどこかに仕舞いこまれていて，いつも必要になるたびに新しく買ってこなければならない始末です。それに，子どもたちにとって分度器というのは使いやすい道具とは言えません。半円形のふつうの分度器では，「角の頂点を〈分度器の直線部分の

中心〉に合わせるのではなくて、分度器の少し内部の半円の中心に合わせなければならない」ということが、なかなか身につきません。しかし、「半円形の分度器」でなく「全円形の分度器」を使うと間違いは起きません。ですから、この授業書では〈全円形の分度器〉からはいることにしています。分度器で直線を引くときには半円形のほうが便利なのですが、〈全円形の分度器〉を揃えておくように推奨します。全円形の分度器なら180度以上の角度もすぐにわかります（全円形の分度器は、1000円くらいです）。

　この授業書案の第２部「角度と分度器」の内容は、〈全円形の分度器〉を前面に出していること以外は、これまでの教科書・参考書とあまり違いがありません。しかし、第３部「視角」の内容は、私の小学生時代の算術の教科書にも、いまの教科書・参考書にも出てこないもので、この授業書独特のものと言えるでしょう。そこで、少し難しすぎる部分もあるのではないかと心配です。この部分の内容は「正確に覚えていなければならない」というものではないので、軽く触れる程度にしてください。深入りしなければ興味をもってくれると思います。

　じつは、角度という概念は、「数学者が作った概念」というよりも「天文学者が作った概念」です。西洋の天文学者たちは、星の高度を測ったり、二つの星の開きを測ったりするために、〈角度という概念〉を作ったのです。天文学という学問は、もっとも早くから進歩した学問なので、天文観測も早くからとても進歩していました。そこで、とても小さな角度まで正確に測定していました。ふつうの数学では30度、60度、90度といった大きな角度しか問題になりませんが、天文観測では１度よりも小さな角度の測定が問題になります。そこで、天文学者たちは、「〈一回りの角度〉を360にわけたもの」を「１度＝１°」と決め、その1/60を１分（=1'）とし、１'の 1/60 を１秒（＝１"）とするなど、細かな角度

の単位まで決めてきたのです。

　このことは,「なぜ直角は90度か」「なぜ一回りの角度が360度なのか」ということにも関連しています。その詳しい話は必ずしもぜんぶ理解してもらう必要はないのですが,「角度は天文現象と深い関連がある」ということだけは,知っていると何となくたのしいこともあると思います。

　最後に「視力」の話がありますが,じつはこの知識,私もこの授業書案を作っている間に偶然知ったばかりのことです。こんなことは覚えておく必要もないのですが,「視力の 1.2 とか 0.1 とかいうのも角度と関係があるのか」という問題は知っていると,世界が広がる思いもすると思うので,入れたのです。最後に〈視角〉のついでに〈死角〉という同音異義の言葉を入れてありますが,これも簡単に扱えばいいのです。

　じつは,角度というのは,ふつうの数学というよりも〈測量術〉で重要な役割を演じます。そこで,本当は〈三角測量〉の話をしたほうがたのしいと思うのですが,今回の授業書案では,坂道の角度を予想して実測する問題だけをいれました。勾配を調べるには,分度器で手作りの道具を作ってもいいのですが,〈日曜大工の店〉などへ行くと〈水平器つきの勾配計〉などという便利な道具も売っているので,そういう道具を使って測定すると簡単正確に角度が測れるので,子どもと一緒に坂道の傾斜角や滑り台の傾斜角を予想し測定する作業をやってみるといいと思っています。

　　　ここでは,〈三角測量〉そのものの話は断念しましたが,いつか〈総合読本〉の中ででも,簡単に取り上げたいと思っています。授業書案の個々の問題の解説は,案の最後につけてありますので,参照してください。
　　なお,この授業書案は,その後,出口陽正さんが中心となって改訂がすすめられ,今ではその授業用の別刷りも用意されています。お問合せは仮説社へ。

授業書案 **勾配と角度**

1. 直角，水平，勾配

〔新しい数学の言葉〕

一本の直線に，もう一本の直線をひいて交差させると，4つの角ができます。そのとき，4つの角の大きさがまったく同じになることもあります。そのように二本の直線で作った4つの角の大きさがみな同じ大きさになったとき，「その二本の直線は，直交している」といいます。そして，その角の大きさのことを「直角」といいます。

〔質問1〕

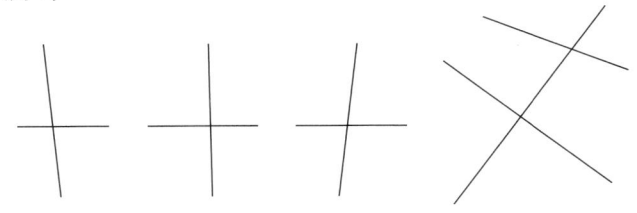

上の図のうち，直角に交わっている直線はどれとどれですか。
直角の角に └┐ というしるしをつけておきましょう

〔作業1〕

次の直線の外のA，B，C点のところから，目分量だけで，直角と思われる直線をひいてみてください（直線は定規で引く）。

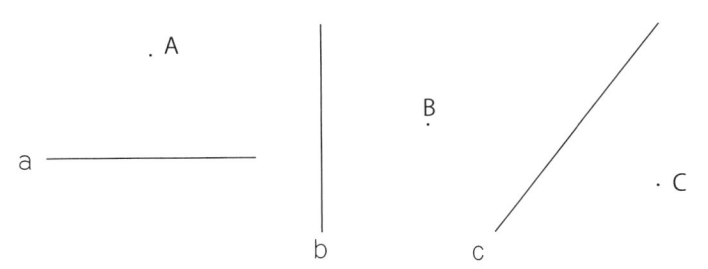

〔問題１〕

あなたは，三角定規を持っていますか。

ふつうの三角定規は二枚一組で，下の図のような形をしていますが，この三角定規には，直角のところがあると思いますか。

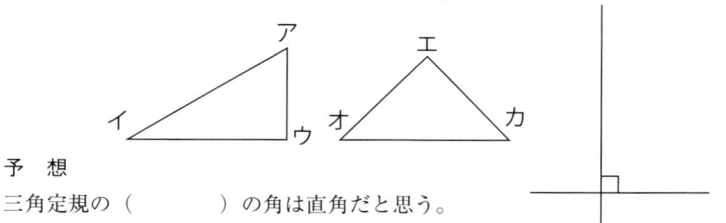

予　想

三角定規の（　　　　）の角は直角だと思う。

実　験

右上の二本の直線は直角になっています。そこで，三角定規の角をこの角にあてて，直角のところがあるか，確かめてみましょう。

三角定規のどの角が直角になっていましたか。

〔作業２〕

三角定規や〈マス目入りの直線定規〉を使うと，正確な直角をつくることができます。作業１で目分量で書いた直角を，定規を使って，書きなおしてみてください。前に書いた直線は，ほぼ直角になっていましたか。

〔問題２〕

ヒノキや杉の木はまっすぐに成長します。そこで，〈まっすぐな板〉をとるのに便利なので，多くの山の斜面に植えられています。

それなら，山の斜面に育っているヒノキや杉の木は，山の斜面にたいして，どのように伸びていると思いますか。

予　想

ア．図のアのように，山の斜面に直角に伸びている。

イ．図のイのように，水平線に直角の方に伸びている。

ウ．アとイの間の方向に伸びている。

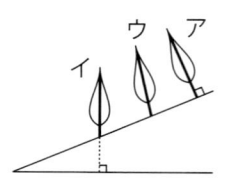

〔杉の木の成長〕

　斜面に植えてあるヒノキや杉の木は,ふつう斜面に直角には伸びません。斜面に植えても,水平面に対して直角な方向に伸びていくのです。

〔質問２〕

　少し坂になっているところに家を建てることがあります。そういうときは,とくにどういうことに注意して建てたらいいと思いますか。

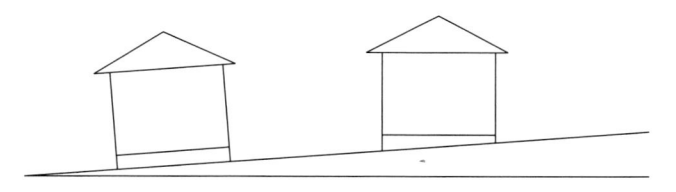

〔言葉の約束〕

　少し大きないれものに入っている水の面は,静かにしておくと,まっ平らになります。このような面のことを「水平面」といいます。そして,「水をいれた入れ物をおいたら水面と同じになるような面や線」のことも,〈水平面〉とか〈水平線〉と言います。

〔水平器の話〕

　平面が水平かどうか調べる道具に〈水平器〉というものがあります。
　水平器には,下の図のように,平らな板の上に〈気泡管〉というものが取りつけてあります。気泡管というのは,液体をいれた透明な管の中に〈ほんの少し気体〉を封入したものです。液体の中の気体の泡は,上のほうに動く性質があるので,管が水平から少しでも傾いていると泡が高いほうへ動きます。そこで,「泡が管の真ん中に止まるかどうか」を見て,水平かどうかたしかめられるようになっているのです。

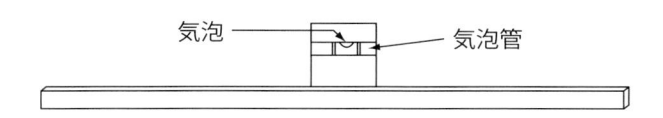

〔家の建て方〕

　ふつうの建物は，床が水平になるように作らなければいけません。床を水平にしないと，丸いものがころがったり，家具がすべったりして，困ります。家が古くなって傾いてくると，床においた丸いものが自然にころがるようになったりします。

〔建物の柱の建て方〕

　斜面に家をたてるとき，柱を地面に直角な方向にたてると，倒れやすくなります。そこで，家をたてるときは，柱が水平線に直角な方向になるように，とくに注意して建てなければなりません。

　水平線と直角な方向を見つけるのは簡単です。鉛などの重い物をひもに吊るせば，そのひもの方向が〈水平線と直角な方向に〉なるからです。そこで，水平面と直角な方向のことを「鉛直線」といいます。「鉛を吊るした糸の方向の直線」だから「鉛直線」というのです。

　　　　　　　　　　　　　　　　水平線

〔屋根だけは傾ける〕

　ふつうの建物は，〈水平な床〉と〈鉛直方向の柱と壁〉とが中心になってできています。しかし，たいていの家には，一ヵ所だけは水平面から傾けて作ってあるところがあります。それは屋根です。屋根だけは，雨や雪がながれ落ちやすいように，傾けて作るのがふつうです。

　しかし，屋根の傾斜の度合いは，建物によってかなり違います。

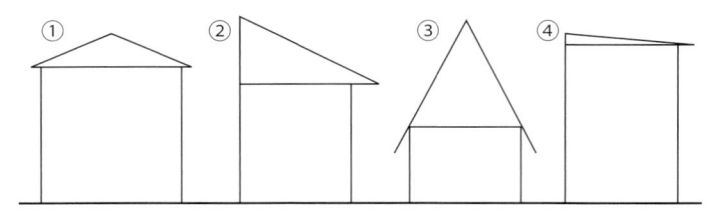

〔数学の言葉──勾配〕

「水平線からの傾斜の度合い」をあらわすには，ふつう「勾配(こうばい)」という言葉を使います。そして，勾配の度合いは，ふつう〈水平距離との割合〉で表します。そして「10分の4の勾配」とか「1000分の30の勾配」などといいます。

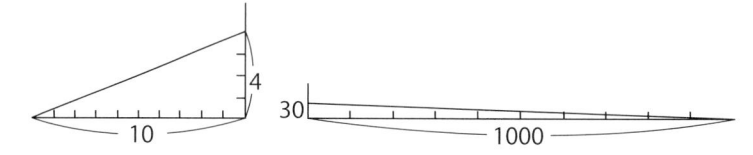

〔練習問題1〕

下の図の中に，〈10分の3の勾配〉と〈10分の8の勾配〉とを書き入れなさい。

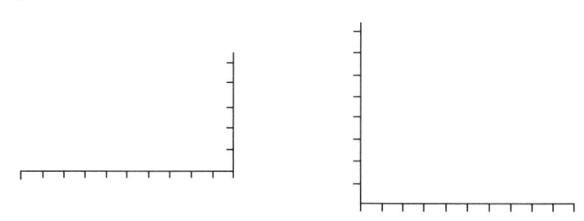

〔問題3〕

前のページの最後の建物の屋根の勾配はそれぞれどのくらいでしょう。

① (　　　　　)　② (　　　　　　)
③ (　　　　　)　④ (　　　　　　)

〔質問3〕

鉄道線路の両側にはいろいろな標識が立っています。そのうち，線路の左側に右のような標識が立っていることがあります。

これは，何を示しているのだと思いますか。

〔線路の勾配標識〕

前の標識は「〈線路の勾配〉を示す標識」です。この標識の板が右上がりになっていれば，「これから上り坂」ということを示します。また，標識の板が右下がりになっていれば，「これからは下り坂」ということを示します。そして，標識の板が水平になっているときは，「これからは水平」ということを表しているのです。

〔問題4〕

〈勾配の標識板〉には，「その坂はどのくらい急な坂道か」ということを示すために，数字が書いてあります。そして，水平のときは「水平（Level）」いう英語のはじめの文字の〈L〉の字が書いてあります。

それなら，その標識板に数字で〈10〉と書いてあったら，その坂はどのような勾配を示していると思いますか。

予　想
ア．水平100メートルにつき10メートルの勾配。
イ．水平1000メートルにつき10メートルの勾配。
ウ．その他の予想。

みんなの考えを出しあったら，先生に答えを教えてもらいましょう。

〔問題5〕

鉄道は坂道が苦手です。坂道をあまり急にすると電車も登れなくなってしまいます。そこで〈ケーブルカー以外の鉄道〉では，あまり急な坂道には鉄道を敷かないことになっています。

それなら，日本のJRの線路では，ふつう「最大でどのくらいの坂道まで線路を敷くことが許されている」と思いますか。

予　想
ア．1000メートルについて100メートルまで。
イ．1000メートルについて 35メートルまで。
ウ．1000メートルについて 10メートルまで。

授業書案《勾配と角度》　143

〔鉄道線路と勾配〕

　鉄道線路の標識板に〈 10 〉と書いてあれば，それは，「水平1000メートルについて10メートルの勾配」ということを示しています。鉄道線路の勾配は，「水平に1000m進んだとき，何m上がるか下がるか」という勾配で示すことになっているのです。

　日本のJRの線路では，現在「水平距離1000メートルに35メートルの勾配が最大」ときめてあるそうです。そして，たくさんの人が利用する幹線ほど，線路の勾配を小さくするようにしてあって，「新幹線の場合は1000メートルに15メートルの勾配が最大」となっているそうです。

〔研究問題１〕

　学校の階段の勾配は，どのくらいだと思いますか。みんなで，その勾配を予想してから，実際にその勾配をはかってみましょう。

　　予　想
　　ア．勾配 10 分　　　ぐらい。
　　イ．勾配 10 分　　　ぐらい。
　　ウ．勾配 10 分　　　ぐらい。
　　測　定

　階段は，水平面がはっきりしているので，一段分の高さを長さで割って，割合を出せばいいわけです。

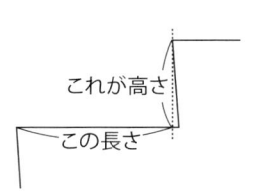

（図：これが高さ／この長さ）

〔研究問題２〕

　階段の勾配は，どこも同じにきまっているのでしょうか。

　あなたの家の階段の勾配はどのくらいですか。予想してから，はかってみましょう。

　　予　想
　　　家の階段の勾配は「10分の　　　」ぐらい。
　　実測の結果
　　　家の階段の勾配は「10分の　　　」ぐらいだった。

2. 角度と分度器

　屋根や線路の傾きはふつう「勾配」であらわして,「水平距離10または1000に付いて○○の勾配」などと言いますが, そのほかの角の大きさは〈分度器〉というものを使って測るのがふつうです。

　〈分度器〉には, 半円形のものと円形のものとがあります。
　角度の単位は〈度〉で,〈角度15°〉とか〈90°〉などと書いて,〈角度15度〉とか〈90度〉と読みます。角度の記号は温度の記号とまったく同じわけです（ただし, 温度の1度は10分ですが, 角度の1度は60分です）。

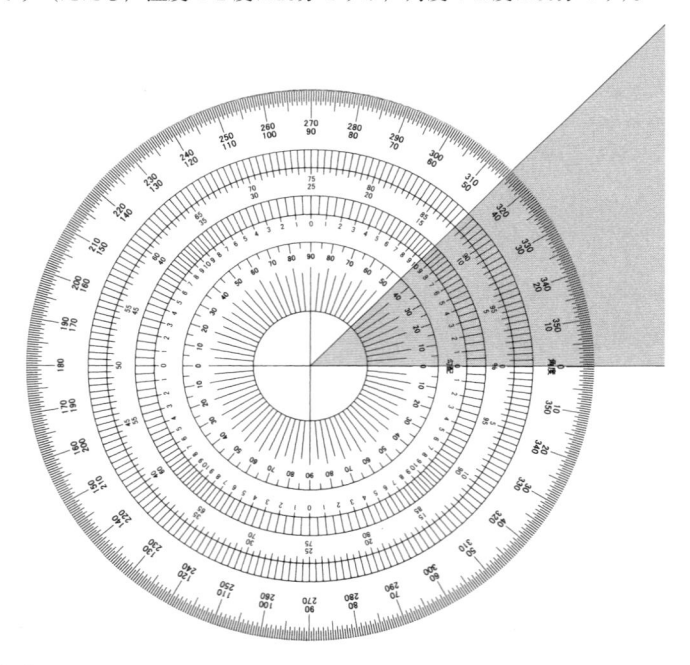

〔問題1〕
　いま, 上の円形分度器で測っている角度は何度ですか……（　　　）度。

〔問題２〕

下の半円形分度器ではかっている角度は何度ですか…（　　　）度。

半円形分度器を使って角度を測るときは，下の図のように，角の頂点に円の中心のところを合わせるよう，とくに注意してください。

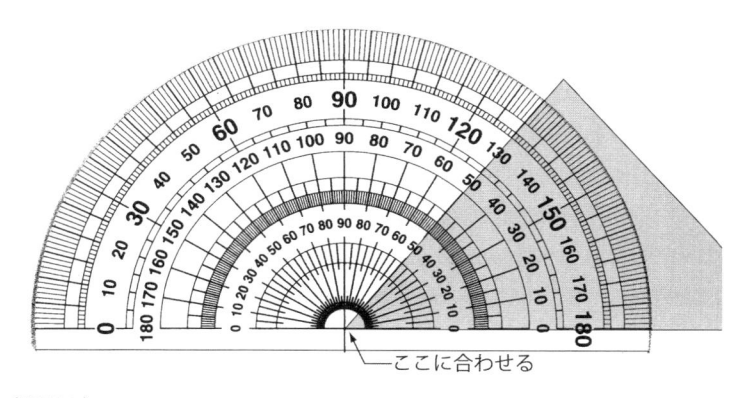

└―ここに合わせる

〔問題３〕

下のアとイでは，どちらの角度のほうが大きいと思いますか。

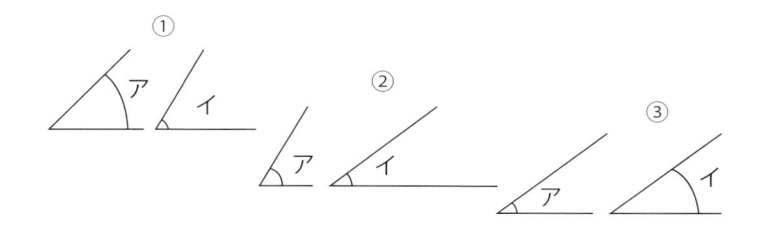

①　②　③

予　想

①の場合……アのほうが大きい。イのほうが大きい。アとイの角度は同じ。
②の場合……アのほうが大きい。イのほうが大きい。アとイの角度は同じ。
③の場合……アのほうが大きい。イのほうが大きい。アとイの角度は同じ。
どうしてそう思いますか。

問題3の正答は，①が「イの角度のほうが大きい」で，②は「アの角度のほうが大きい」，③は「アとイの角度は同じ」です。この問題はやさしいようにも思えますが，まちがえる人が少なくありません。この問題にはすこしいじわるなところがあって，角度を示すしるしの大きさが違っていたり，辺の長さが極端に違っているので，ごまかされてしまうからです。

角度の大きさというのは，あくまでも，その角をはさむ線の広がり方できまります。だから，辺の長さには関係がないのです。

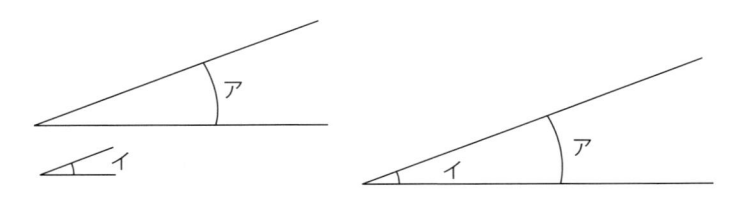

上のイの角をはさむ辺をのばして書いてごらんなさい。そうすると，アの角と同じ大きさに見えるでしょう。角アと角イの大きさは同じなのです。

〔問題4〕
三角定規の3つの角の角度を予想してから，分度器で測ってみましょう。

　　　　　　　予想　　　　測定
アの角……（　　　　）→（　　　　）
イの角……（　　　　）→（　　　　）
ウの角……（　　　　）→（　　　　）

〔問題5〕
三角定規の3つの角の角度を予想してから，分度器で測ってみましょう。

　　　　　　　予想　　　　測定
エの角……（　　　　）→（　　　　）
オの角……（　　　　）→（　　　　）
カの角……（　　　　）→（　　　　）

〔練習問題1〕

つぎの角度を分度器ではかりなさい。

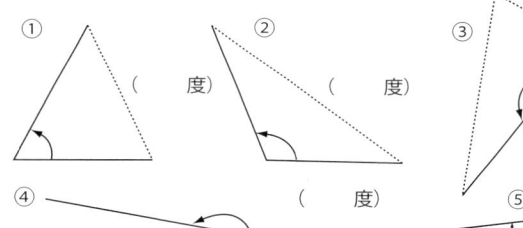

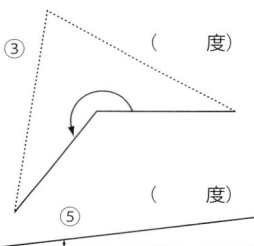

① （　　度）　② （　　度）　③ （　　度）

④ （　　度）　⑤

〔練習問題2〕

つぎの角度になるように，直線をひきなさい。

① 45度　② 100度　③ 180度

鋭角／鈍角／凹角／平角／一回りの角

90°以上の角を「鈍角」，90°以下の角のことを「鋭角」といいます。直角以下の角はとがっているので「鋭い角」といい，直角以上の角は「鈍い角」なので「鈍角」というのです。

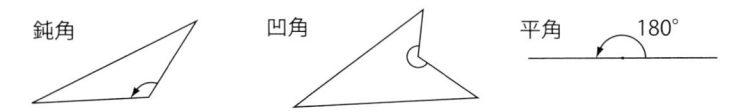

鈍角　　凹角　　平角　180°

また，180°以上の角は「凹んだ角」なので「凹角」といい，180°のことを「平角」ということもあります。180°の角というのは不思議な角です。ただの水平線なのに「角度180°」というからです。

角度を0°からはじめて，180°を過ぎ，一回りすると360°になります。そこで，360°を「一回りの角」といいます。

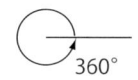

360°

3. 視　角

〔言葉の約束——視角〕

　下の図のように，人の目の位置（視ている点＝視点）から，物体の両端に引いた二本の直線アとイとを引いたとき，その二本の直線，アとイが目のところにつくる角度のことを〈視角〉といいます。

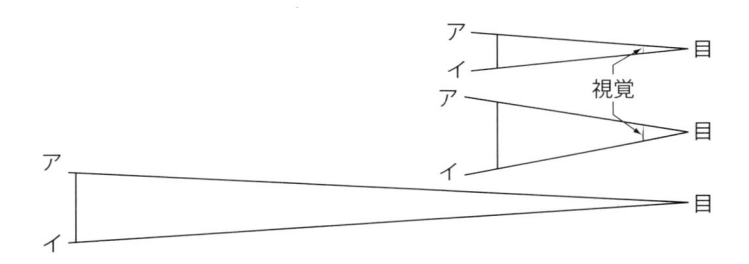

〔同じものでも遠いものほど小さく見えるのはなぜか〕

　目から同じ距離にある二つの物体の〈視角の大きさ〉は，上の二つの図のように，大きい物体ほど大きくなります。

　しかし，同じ大きさのものでも，遠いものほど視角が小さくなります。同じ大きさのものでも，遠くになるほど小さく見えるのは，視角が小さくなるからです。

〔問題１〕

　月の直径は地球の４分の１ほどもあります。ところが，空に見える月はそんなに大きくは見えません。それなら，満月の直径の大きさは，視角にすると，何度ぐらいあると思いますか。

　予　想
　　ア．0.5°ぐらい　——　1°以下。
　　イ．2°ぐらい　　——　1～3.5°
　　ウ．5°ぐらい　　——　3.5°以上。
　どうして，そう思いますか。みんなの意見を出しあいましょう。

〔地球から見た月の視角の大きさは1°の半分〕

〈地球から見た月の直径の視角〉は，ほぼ0.5°です。月と地球の距離は少しずつ変わるので，その視角も多少は変化しますが，〈1°の半分くらい〉といっていいのです。

―――――――――――― 0.5° ――――――――――――

〔問題2〕

ある人は，夜空に見える満月を見て，「あの月は〈おぼん〉ぐらいの大きさにしか見えない」と言いました。すると，もう一人のひとは，「いや，あの山ぐらいの大きさはあるよ」と言いました。すると，もう一人のひとは「5円玉の孔の大きさもないよ」と言いました。いったい，どの意見が正しいと思いますか。

最後の人は，「ほら，あの月は，こうやって見ると，5円玉の孔の中に入ってみえるよ」と言うのです。じっさいに，図のように5円玉をもって月を見たら「月が5円玉の中に入ってみえる」ようになると思いますか。

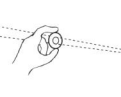

予　想

ア．月が5円玉の孔の中に見えることはないと思う。

イ．月は5円玉の孔の中に入って見えると思う。

月が見えたら実験してみましょう。

〔問題3〕

地球上から見た太陽の視角の大きさは，どのくらいあると思いますか。

予　想

ア．5°くらい。

イ．2°ぐらい。

ウ．0.5°ぐらい。

どうして，そう思いますか。みんなの意見を出し合いましょう。

〔地球上から見た〈太陽と月の視角〉の大きさ〕

　太陽の本当の直径は月の400倍もあります。しかし，地球上から見た太陽の視角は月とほとんど同じです。そのことは，〈日食〉といって〈太陽と月と地球が一直線上に並ぶとき〉，太陽がほとんどぴったりと月に隠されることでもわかります。ですから，太陽の直径の視角も〈ほぼ 0.5°〉です。

　肉眼(にくがん)で太陽を見ると目をいためるので，太陽での実験はおすすめしませんが，月も太陽も，腕をのばした手にもった５円玉に入って見えます。月や太陽だけでなく，人間の頭でも少し遠くにあれば５円玉の孔の中に入って見えます。遠くにある物体の大きさはどのようにも見えるので，「月や太陽はどのくらいの大きさに見えるか」という質問は意味がありません。

0.5°━━━━━━━━━━━━━━━━━━━━━━━━━━━

「地球から見ると，その視角はほぼ 0.5°だ」というほかないのです。

　ところで，月や太陽の直径は，月や太陽が地平線(ちへいせん)に近いところにあるときのほうが，上空にあるときよりもかなり（２〜３倍も）大きく見えるのがふつうです。しかし，天文学者が精密に測定した結果によると，地平線に近いところにあるときも，上空に見えるときと視角は変わりません。それなのに，ほとんど誰でも，地平線に近いときの月や太陽のほうが何倍も大きく思えてしまうのです。これは「心理学的な錯覚(さっかく)」の一種ですが，なぜそのように感じてしまうのか，心理学的にもまだ完全にはわかっていないということです。

〔問題４〕

　地球は，太陽の回りを，図のように，１年，つまりほぼ365日ほどで一回りしています。それなら，地球は１日に平均して角度で何度ぶんぐらい回っていることになりますか。

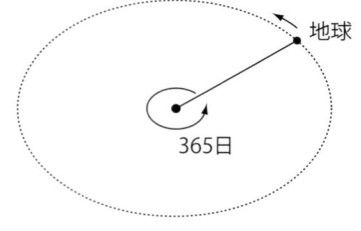

　　答え──

　　地球は太陽の回りを１日にほぼ（　　　度）ぐらいずつ動いている。

〔なぜ直角は90度なのか〕

　直角は90度で,100度ではありません。一回りの角度は 360° です。

　1 m は100cmで,1 km は1000 m などときまっているのに,どうして角度だけは 90° とか 360° などという半端な数になっているのでしょうか。

　そういえば,半端なのは角度だけではありません。時間も1日が24時間で,1時間は60分,1分は60秒となっています。じつは,角度の場合も,1度=60分,1分=60秒,と決まっているのです。（角度1分のことを記号では〈 1' 〉,1秒のことは記号で〈 1" 〉と書きます）

　時間や角度の場合は,どうしてそんな半端な数を使うのでしょうか。

　じつは,60という数は2でも3でも4でも5でも10でも割り切れます。いろいろな数で割り切れる数は,わけるのが簡単です。割り算のときにも半端な数が出ないので,〈便利な数字〉といえます。そこで,ヨーロッパの人びとは昔から60という数字を便利に使ってきたのです。

　じつは,直角の90度という角度はひと回り360度を4つにわけた角度ですが,ひと回りの角360度というのは,右の図のように6等分すると,ちょうど60度ずつになります。

　それに,360といえば,それに近い数字のことを思い出しませんか。

　そうです,それは一年の日数365〜366に近い数です。そこで大昔の日本人も360という数字が好きでした。日本で最初に作られた法律には,

「たて12間,よこ30間の田畑を1反として,おとなの男には2反ぶんずつ,女にはその3分の2ずつわけ与える」

と決められています。

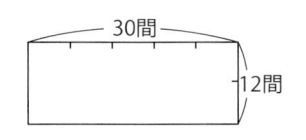

　たて12間×よこ30間=360坪となる計算ですが,どうして〈30×12〉なのでしょうか。それは1年の日数がほぼ〈30日×12ヵ月〉だからです。

　じつは,大昔は一年の日数がよくわからなくて1年を360日と考えてい

た時代もあったようです。

　それなら，一年の日数はどうするときめることができるのでしょうか。
　それには，たとえば〈冬から冬までの日数〉を数えればいいのですが，いつが〈真冬の代表的な日〉かをきめるのも簡単ではありません。そこで，〈太陽がもっとも低くしか昇らない日＝冬至の日〉を測定することが考えられますが，いい測定装置がない時代には，どうしても数日の誤差が出てしまったことでしょう。

　じつは，一年の日数をきめるには，〈北極星の回りを回転する星の運動〉を観察するのが一番いいのです。ふつうの星（恒星）は，北極星の回りを一日にほぼ一回転しています。ところが，毎日ほんの少しずつ余計に回転して，一年でまた元の位置にもどってくるのです。そこで，一年ほどたって，同じ時刻に星が元の位置にもどるまでの日数をかぞえると，一年の日数がわかります。これも正確な時計のない時代にはむずかしいことでしたが，いろいろ工夫した結果，やっと１年の日数が365日あまりであることがわかってきたのです。

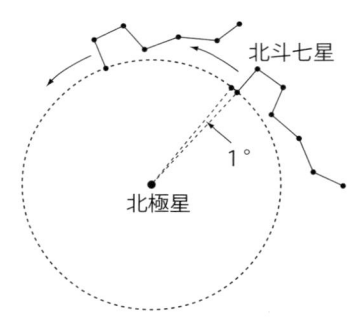

　このように，角度というのは，もともと「星の運動を研究するために工夫されてきたもの」です。ふつうの星は〈毎日１回転＋1/360回転〉ほどするわけですが，〈360分の１回転＝１度〉ときめると〈ふつうの星は一日に1回転よりほぼ１度ぶんだけ余計に動く〉ということになって便利です。そこで，「１回転を360に割った角度」のことを「１度」と決めたのです。

　ところで，〈星の一日一回転の運動〉は時計の針の一日の運動と似ています。時計の単位だって，もともと星の運動の研究がもとになっているのです。そこで昔から，〈角度と時間の単位〉には似たところがあるというわけです。

〔視力の話〕

　夜空に見える星はみな地球よりもずっと大きいのですが，あまり遠くにあるために点のように見えます。それでも，明るい星はまたたいて見えるので少しは大きさがあるようにも見えるのですが，〈視角はまったくない〉といっていいほどです。〈二重星〉といって，二つの星が寄り添っている星もありますが，肉眼（望遠鏡なしの目）で二つに見えることはまずありません。

　それなら，人間の目はどの程度の視角のものまで区別できるのでしょうか。それは，その人の〈視力〉によって違います。じつは「視角が 1' = 1/60 度のものまでやっと見わけられる目」のことを，〈視力 1.0 の目〉というのです。そして，「視角 2' のものがやっと見わけられる目」を〈視力 1/2 = 0.5 の目〉といい，「視角 5' のものがやっと見わけられる目」のことを〈視力 1/5 = 0.2 の目〉というのです。ですから，〈視力 2.0〉という人の目は「視角 1/2' のものまで見わけられる目」ということになるし，〈視力0.1〉という人の目は「視角 1/0.1 =10' のものまで見わけられる目」ということになります。

〔研究問題１〕

　学校の近くに急な坂道や滑り台があったら，みんなで，その坂道の〈傾斜の角度〉を予想してから，じっさいにその角度をはかってみましょう。

　　予　想

　　傾斜の角度は（　　　　度）ぐらいだと思う。

　　坂道の傾斜角のはかりかた

　　坂道の傾きは，〈水平器つきの勾配計〉と〈真っ直ぐな長い棒〉とを使うと簡単に測ることができます。長い棒を坂道にあてて，その棒の傾きを〈水平器つきの勾配計〉
ではかればいいのです。

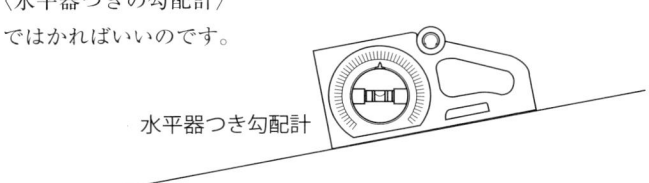

〔坂の角度の予想はたいてい大きすぎ〕

　たいていの人は，坂道やがけの傾きを，じっさいよりもずっと大きく考える傾向があります。実際にその坂道を上ったり降りたりしながら，その角度をあてっこしても，たいていの人は大きく見違えます。がけなどを見て，「ほとんど直角にそびえている」と思ったときでも，たいていその傾きは50度から70度ぐらいだったりするものです。そこで，機会があったら，いろいろな坂の傾斜角をはかっておくといいと思います。

　スキーの傾斜面の角度は，回転競技で20度〜27度ぐらいで，ふつうの乗用車が登れるのは20度ぐらいまでです。

〔問題5〕

　右の図は，静岡県富士市から見た富士山の写真の線をコピーしたものです。この右側の斜面はほぼ直線に見えますが，この傾斜の角度は何度ぐらいあると思いますか。予想をたててから分度器ではかってみましょう。

　　予想……（　　　　）度ぐらい。

　　実測の結果……（　　　　）度。

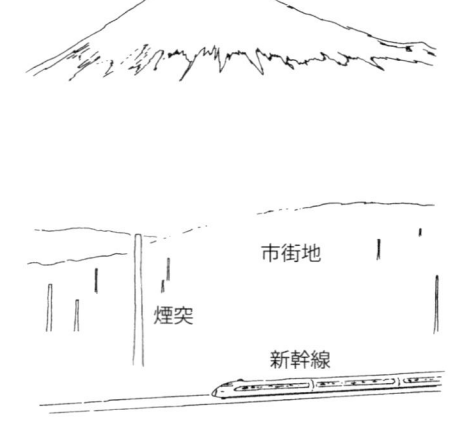

〔質問1〕

　〈視角〉と発音が同じ言葉に，〈死角〉という言葉があります。どういう意味の言葉か知っている人はいませんか。右の図のA点に目のある人の死角は，どの範囲のことをいうのでしょう。知っている人があったら，みんなに教えてあげましょう。

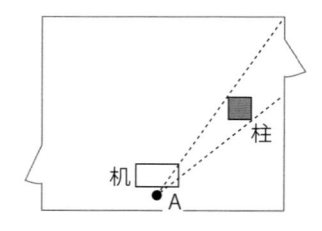

授業書案《勾配と角度》　155

各問題・質問などの解説

第1部　直角，水平，勾配

〔作業1〕

　直線は定規を使って引かせます。「目分量で直角を正確に引ける能力」を一度ためしておこうというわけです。〔作業2〕で三角定規か分度器を使って，「直角のつもりで引いた直線がどれほど直角から外れているか」確かめます。

〔問題1〕

　「三角定規には二枚とも直角のところがある」ということを印象づけるための問題です。

〔作業2〕

　直角や平行線は，「マス目入りの直線定規」で作るのが一番簡単です。これまでは，「直角や平行線は，コンパスや分度器，三角定規を使ってつくるもの」となっていましたが，現実的でないと思います。〈マス目入り直線定規〉は文房具屋で何種類も売っています。

〔問題2〕

　幼児にこのような問題を出すと「木は斜面に直角に伸びる」と答える者が多いそうです。少し大きい子でもうっかりすると間違えると思うのでいれました。

〔質問2〕

　水平面を意識させるための質問です。水平器は日曜大工の店などに売っています。2千〜3千円くらいです。ぜひ用意してください。

〔問題3〕

　ふつう，水平に10進んで1上がる勾配を「1分（ぶ）の勾配」，水平に10進んで10上がる勾配を「1割（わり）の勾配」と呼んでいます。この〈割と分の言葉の使い方〉は混乱の元なので，この授業書では，いちいち「10分の何の勾配」と呼ぶことにしてあります。ただし，分母は10や1000にします。「10分の○」と答えさせるようにしてください。

〔問題4〕〔問題5〕

　答えは次のページにあります。「1000分の100」の勾配は角度でいうと5

度くらい,「1000分の35」なら2度くらい,「1000分の10」なら 0.5度くらいです。

〔研究問題1〕

選択肢は教師が3つぐらいにまとめるといいでしょう。

第2部　角度と分度器

〔問題1〕〔問題2〕

ぜひ円形分度器も準備してください。少し大きな文房具屋なら売っています。

〔問題3〕

角度の大きさと〈その角を挟む辺の長さ〉とは関係ないことや,〈角度を表示するのに用いられる弧〉の大きさには関係ないことを確認させる問題です。

〔問題4〕〔問題5〕

測定のあと,「本当は 30° 60° などに作ってあるはずだ」と言って,三角定規の3つの角の大きさは覚えさせてください。

〔練習問題1〜2〕

「180度以上の角を測定する」ときは,一方の辺を伸ばして 180° 以上の角だけを測定して 180° を加えればいいのです。

第3部　視角

〔言葉の約束―視角〕

視角を問題にするときは,一方の目だけを考えるのです。

〔問題4〕

最後の文章は,「地球は太陽の回りを1日にほぼ1度ぐらいずつ動いている」と完結させます。

〔なぜ直角は90度なのか〕

ここで,1ダース=12個の話をいれてもいいでしょう。10は2,5でしか割り切れませんが,12は2,3,4,6で割り切れるので便利なのです。半ダースも便利です。

〔視力の話〕

視力検査表には，右図のように，一方向だけ切れている環が使われています。その切れ目の視角が n' のとき，やっと見える目のことを「視力 1/n の目」といいます。

　視力検査表には仮名文字や絵なども使われていますが，それは正規のものではないそうです。

〔研究問題１〕

　「水平器つきの勾配計」は，日曜大工の店などで３～４千円で買えます。数学を学ぶということは，便利な道具の存在とその使い方を知ることでもあるので，ぜひ買っておいてください。

〔問題５〕

　富士山が見えるところなら，実際の富士山の傾斜角を測ってみるのもいいでしょう。北斎その他の有名な富士山の絵を用意して，実際よりも傾斜角がずっと大きく書いてあることも確かめておくといいでしょう。写真では「煙突と直角の方向」を水平線の方向と考えて測定すればいいのです。

〔質問１〕

　小学館の『日本国語大辞典』の「死角」の項には「銃砲などで撃てる距離でありながら，障害物やその他の構造上の理由などで照準を合わせることのできない範囲。転じて，ある角度からはどうしても見られない範囲」とあります。

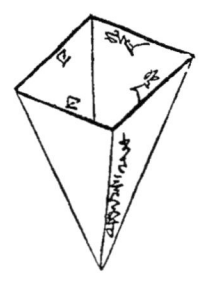

授業書案 《図形と角度》

イラスト:『塵劫記』より

● はじめに

　「図形と角度」の授業書案がまとまりました。これも前回の《勾配と角度》（本書129〜157ページに掲載）と同じく，まだ授業にかけてありません。さまざまな欠陥が見出されると思いますが，もともと野心的な授業書案なので，早く多様な方々のご批判を仰ぎたくて，公表するしだいです。

　この授業書案は，先の《勾配と角度》とひと続きのものとして作成されてきたもので，この前に《勾配と角度》の授業をしてあることが望ましいのですが，勾配そのものに関する知識は無用です。この授業書案は小学校5年生なら充分授業できると思います。さまざまに活用の工夫をしてくださるよう，お願いします。

　この授業書案は，第4部の「〈三角形の内角の和は180度〉という幾何学の定理の証明」が中心になっており，「幾何学での証明の最初の授業」ともいえるものを意図しています。これまで，仮説実験授業では，数学の定理の証明の授業についてのプランでまとまったものはありませんでした。そこで，「仮説証明授業」なるものの構想を考えつつ，このような授業書案を作成してみたのです。これは，その最初のプランなので，不確定要素がたくさん

　＊初出：『たのしい授業』1993年8月号（No.131）／同誌2001年11月臨時増刊号に再録，仮説社

あります。そこで早く公開して，多くの人びとの意見を聞いた上で最終的な授業書にしたいと考えているのです。ご了解ください。

なお,「仮説証明授業」のことについては,『たのしい授業』1993年7月号「たのしい授業の思想と数学教育」に書きました。ここでは繰り返しませんので，必要ならそちらをご覧ください。

授業書案《図形と角度》の構成

この授業書案は，次の4部で構成されています。
第1部　直線　　　　　　　　1〜2ページ。
第2部　三角形と四角形　　　3〜7ページ。
第3部　平行線と角度　　　　7〜10ページ。
第4部　読み物〈三角形の角の和のなぞ〉　11〜16ページ。
第5部　四角形，五角形……の内角の和　　17〜19ページ。

これらの各問題ごとの解説は，授業書のあとにまとめてあります。このうち，第1部と第2部は,「最初の幾何学の授業」ということで，ここにとくに取り上げてあるのですが,「直線的な四角形のことなど，改めて教えるまでもない」というクラスでは，カットしてくださって結構です。しかし,「〈指定された点を通る直線〉を引く作業」は，小学校の高学年になってもできない子どもが少なくないと思うので，その作業をさせて,「直線の引き方」を教えてやるといいと思います。

第3部では，〈マス目つきの直線定規〉を使って平行線を引く作業をさせるようになっています。古典的な幾何教育では，平行線は二枚の三角定規を使って書くのが原則になっていましたが，今ではそんな伝統に従う必要はないと思います。〈マス目つきの直線定規〉のことを知らない先生も少なくないようですが，文房具屋さんには各種の〈マス目つきの直線定規〉を売っていますので，買ってみてください。

また，第３部では，対頂角・同位角・錯角という概念が出てきますが，ここでも伝統的な幾何教育とは大きく違うところがあります。まず「〈対頂角〉は相等しい」ということは自明なこととして，特別証明しません。また，同位角や錯角については，これまで右図のように二本の直線が平行でないときにも同位角や錯角という言葉を使ってきましたが，ここでは，平行線のときだけ同位角・錯角という言葉を使い，「同位角は相等しい」ということは自明なこととして扱っています。

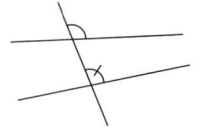

　これまで，平行線以外の場合まで「同位角」という呼び名を使ったのは，恐らく「（平行線の場合の）同位角は相等しい」ということを証明するための便宜上のことだと思うので，それを自明とするなら，平行線以外の場合にまで「同位角・錯角」という言葉を使う必要がないからです。ここでは，錯角が等しいことだけを簡単に証明するようになっています。「自明と思われることまで証明させるから幾何教育が嫌われるのだ」と思うからです。

　第４〜５部は，読み物形式で，途中で問題が出てきます。このような形式の授業書は，これまで例がないので，「どのようにすればうまくできるか」ということが問題になります。実際に授業をやった上でのご意見をいただきたいと思っています。「証明」というのは，「誰にでも納得のいく説明」のことですが，「少しでも面倒な話は聞きたくない」という人には通用しません。しかし，そういう人でも，「これはクラスのごく普通の友だちでも納得できる説明らしい」ということになれば，「証明」として受け入れられるわけです。「実験」の場合でもそうです。「証明」の話は，最低限そういう性質のものになっていればいいと思うのですが，どうでしょうか。

授業書案 **図形と角度**

1. 直 線

〔作業1〕
　あなたは，〈まっすぐな線＝直線〉を上手に書くことができますか。何も道具をつかわずに，できるだけまっすぐな線を書いてごらんなさい。

　こんどは，直線定規をつかって，「まっすぐな線＝直線」をひいてごらんなさい。定規を使って書いた線が，「本当の直線」です。定規をつかって，タテ・ヨコ・斜めに直線を書く練習をしましょう。線をひいているとき，定規がうごかないように，しっかりおさえていることが大切です。

〔問題1〕
　右の図で，アの直線にまっすぐにつづいている直線はイとウのどちらでしょう。
　予想をたててから，あとで定規をあてて確かめてみましょう。
　　予　想　　イ．　　ウ．

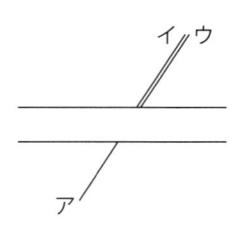

　下の図のように，糸をピンとはっても，直線になります。

(1) どの糸が直線といえますか。（　　）
(2) いちばん短いのは，どの糸ですか。（　　）

　二つの点をとおる線のうち，直線がいちばん短いのです。

〔作業２〕

こんどは，つぎのアとイをつなぐ直線をひいてみましょう。

・ア　　　　　　　　　　　　・イ

鉛筆の先をアの上に立てて，その下がわに直線定規をおくようにすると，上手にひけるようになります。

〔作業３〕

定規を使って，直線をひく練習を，してみましょう。

はじめはうまくいかなくても，練習すると，上手になります。

アとイ，イとウ，ウとアをつなぐ直線を書いてみてください。

・ア

イ・

・ウ

〔作業４〕

定規をつかって，つぎの二本の直線を，もっと長くのばしてください。

―――――――
ア　　　　　イ

ウ｜
｜
エ｜

2．三角形と四角形

〔言葉の約束1〕

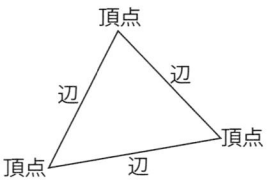

ここにいろいろな図形があります。

まわりの線は，みな直線です。図形の直線のところを「辺」といいます。

直線のまがりかどのところを，「頂点」とか「角」と言います。そして，「頂点や角が3個ある閉じた形」のことを三角形といいます。

〔問題1〕

それなら，下の形のうち，どれが三角形といえるでしょ。「これは三角形だ」と思うものの番号に○をつけてください。

図形の1番から順番に，みんなで「頂点（角）の数」を数えてみましょう。どれとどれが「三角形」といえるでしょうか。

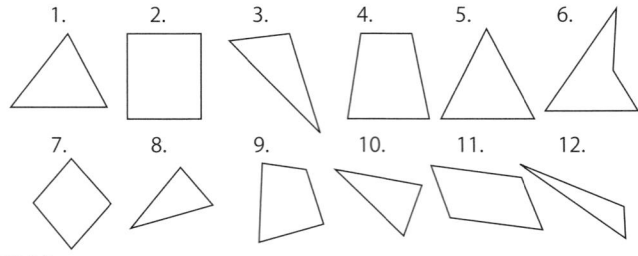

〔問題2〕

△じるしのように，〈かっこいい形〉をしていなくても，角（頂点）の数が3つなら，どんな形をしていても三角形といいます。下の辺がななめでも三角形です。

それなら，「四角形」というのはどんな形のことを言うのでしょう。前の図形のうち四角形と思うものに□をつけて，次の文章の（　　）に言葉と数字を入れましょう。

「四角形というのは，（　　）が（　　）個ある形」のことです。

〔問題３〕

右のような形も四角形と呼んでいいのでしょうか。あなたはどう思いますか。――じつは，これも角（頂点）の数が４つです。そこで，数学者たちはこれも四角形と呼ぶことにしています。

それなら，「五角形」というのは，どんな形のことを言うのでしょう。次の文章を完成させてください。

「五角形というのは，（　　）が（　　）個ある形」のことです。
「六角形というのは，（　　）が（　　）個ある形」のことです。

〔問題４〕

前のページには，６個の三角形がありましたが，そのぜんぶの三角形の辺の数をかぞえてみてください。

その三角形の辺の数は，どれも（　　　）個です。

それでは，どんな三角形でも，みな「辺の数は（　　　）個」ときまっているのでしょうか。「辺の数が２個や４個の三角形」というのはないのでしょうか。

＊　＊　＊

理香さんは，「どんな三角形も，辺の数は３個にきまっているわ」といって，次のように説明してくれました。

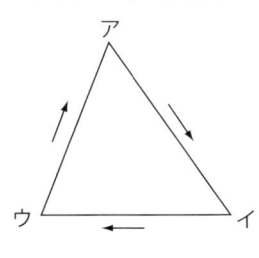

「いま，時計まわりに三角形を書いてみるわよ。そうすると，一つの頂点アの次には一つの辺があり，次の頂点イの次にも辺がある。そして，さいごの頂点ウのあとにも辺がある。だから，〈辺の数は頂点と同じ数だけある〉にきまっているでしょ」というのです。

あなたは，この説明は正しいと思いますか。

ア．「正しい」と思う。
イ．「まちがっている」と思う。

もっといい説明のしかたがあったら，出しあいましょう。

〔問題5〕

つぎの四角形には，辺の数はいくつありますか。……（　　　）個

どんな四角形でも，みな辺の数は（　）個ときまっているのでしょうか。
どんな四角形も，辺の数は4個にきまっています。そこで，**四角形のことを「四辺形」**ということもあります。

〔問題6〕

五角形には，辺の数はいくつありますか。……（　　）個

五角形の辺の数は5個，三角形の辺の数は3個，にきまっています。そこで五角形のことを「五辺形」，三角形のことを「三辺形」とよんでもいいわけです。けれども，「五辺形」とか「三辺形」という言葉は，「四辺形」という言葉ほど使われません。そこで今後は「〇角形」という言葉だけを使うことにします。

〔問題7〕

それなら，「二角形」とか「一角形」というのもあるでしょうか。書けたら，「二角形」とか「一角形」を書いてみてください。

「二角形」でも，その辺は，「三角形」や「四角形」の辺のように，直線でなければいけません。また，　　　　　のように開いた形でなく，閉じた形でなければいけません。

授業書案《図形と角度》　167

　三角形，四角形，五角形，六角形……と，角の数を3からどんどん増やした形を書くことができますが，「二角形」「一角形」というのはありません。「○角形」の○の数は，3が最小なのです。
　それなら，どうして「二角形というのはない」と言いきれるのでしょうか。

頂点ア　　　　　　　　　イ頂点

　もし二角形があるとしたら，二つの頂点があることになります。ところが，その二つの点を結ぶ直線を書くと，一本の直線しか書けません。そこで，二角形というのがあるとしても〈一本の線と同じ〉ということになってしまいます。

〔質問1〕
　四角形がたくさん書いてあります。あなたは，このうち「いちばん美しく，ととのっている形」は，どれだと思いますか。

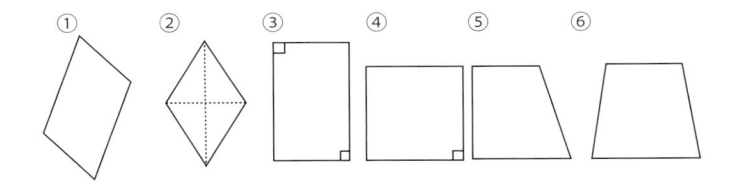

① ② ③ ④ ⑤ ⑥

〔言葉の約束2〕
　④の四角形は，「4つの辺の長さがみな同じで，全部の角が直角」です。この四角形だけは，横にころがしても，同じ形になります。そこで昔から多くの人びとは，このような四角形のことを「ま四角」と言ってきました。しかし，いまでは，このような四角形のことを「**正方形**」といいます。
　「方形」というのは，もともと「全部の角が直角の四角形」のことを示す言葉です。そこで，全部の角が直角でも辺の長さが違う四角形のことを「**長方形**」といいます。

正方形　　　長方形

〔言葉の約束３〕

　ふつうの人は，三角形を書くとき，〈三つの辺の長さも三つの角度も同じくらいの三角形〉を書きます。そういう三角形が一番かっこうよく見えるからでしょう。そこで，三つの辺の長さも三つの角度もまったく同じ三角形のことを「正三角形」と言います。「正三角形の一つの角の大きさ」は60度にきまっています。

3．平行線と角度

〔質問１〕

　あなたは「平行線」という言葉を知っていますか。

　　〔言葉の約束１〕

　右の二本の直線アとイをみてください。直線アと直線イの間隔はどこでも同じです。

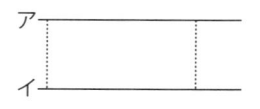

　このような二本の直線のことを〈平行線〉といい，「直線アとイは平行になっている」といいます。

〔作業１〕

　間隔が５ミリ単位の平行線をひくには，〈マス目付きの直線定規〉を使うと，簡単に，しかもきれいに描くことができます。そういう直線定規があったら，１センチ間隔の平行線をたくさん引いてみましょう。

〔質問2〕
　線路は二本一組ですが，まっすぐにしかれている二本の線路は平行線です。二本の線路が途中でくっつきあったりしたら，電車は脱線してしまいます。そのほか，私たちの身の回りには，平行線がたくさんあります。どんなものがあるか，みんなで出し合ってみましょう。

〔平行線の例〕
1．「本＝書物」の〈上のへりと下のへり〉は平行線です。
2．ノートに引いてある直線はみな，たがいに平行に引いてあります。
3．本棚の棚もみな平行です。

〔質問3〕
　平行線には，「どんなにのばしても，交差することがない」という性質があります。そのほか，平行線にはどんな性質があると思いますか。

〔言葉の約束2〕
　二本の直線が交わると，4つの角ができます。このとき，互いに向き合った角のことを「対頂角」といいます。対頂角同士の角度は（　　　）です。

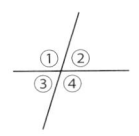

　角①の対頂角は角④で，角③の対頂角は角（　　　）です。

〔問題1〕 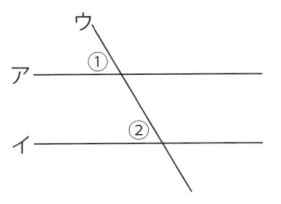
　二本の平行線ア，イと，もう一本の直線ウとが交差しています。このとき，「角①と角②の角度の大きさ」は，
　　予　想　ア．①と②の角度はまったく同じ。
　　　　　　イ．①と②の角度の大きさはちがう。
　みんなの予想を出しあって，予想の違う人がいたら，片方の角度を透明な紙に写してくらべてみましょう。

〔問題２〕

角①と角③の角度をくらべたら、どうでしょう。

予想　ア．①と③の角度はまったく同じ。
　　　イ．①と③の角度の大きさはちがう。

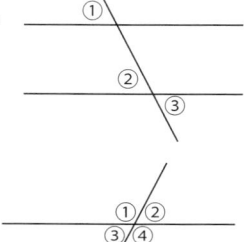

〔言葉の約束３〕

二本の平行線にもう一本の直線が交差すると、全部で８つの角ができますが、これらの角の間には、いろいろな関係があります。そこで、数学者たちは、これらの角の関係に名前をつけています。

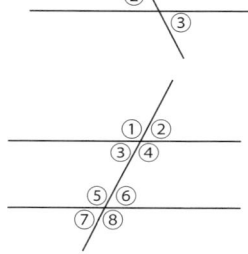

A. 角①と角⑤のように同じような位置関係にある角のことを「同位角」といいます。

　　角②の同位角は、角（　　）です。
　　また、角③の同位角は、角（　　）です。

B. 角③と角⑥のように、平行線の内側にあって互いに隣りあわない角のことを「錯角」といいます。

　上の図の角④と角⑤も錯角です。英語のＺという文字の内側の角どうしは「錯角」なのです。

　　角⑥＝角⑦……対頂角、
　　角③＝角⑦……同位角、

ですから、角⑥＝角③となります。ですから、錯角どうしは角度が同じことになります。

　平行線ともう一本の直線が交わるときにできる角度のうち、対頂角と同位角、錯角は、どれも角度が同じなのです。

〔問題３〕

右の図の●と同じ角度のところには●じるしを、○と同じ角度のところには○じるしをつけなさい。

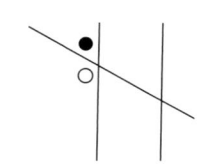

授業書案《図形と角度》　171

〔言葉の約束４〕

次の四角形は，どれも〈向かいあった辺どうしが平行〉です。

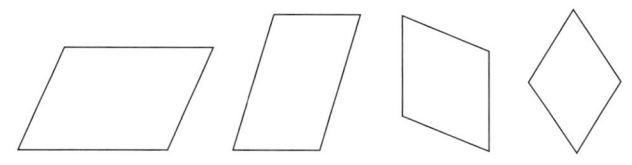

このように，向かい合った辺が２組とも平行な四角形＝四辺形のことを〈平行四辺形（へいこうしへんけい）〉といいます。

右下の図形は向かいあった辺が２組とも平行なので，平行四辺形の仲間にはいります。けれども，この図形にはもう一つの特長があります。それは，全部の辺の長さが同じことです。

このような図形のことを〈菱形（ひしがた）〉ということがあります。〈菱＝ヒシ〉というのは水草の名で，そのヒシの葉はこのような形をしているので，このような図形のことを〈ひしがた〉というのです。

ひしがたの向き合った頂点を結ぶ２つの直線には，特別な関係があります。どんな関係があるでしょう。

上の性質を使うと，ひし形を上手に早く書くことができます。ひとつ書いてみましょう。

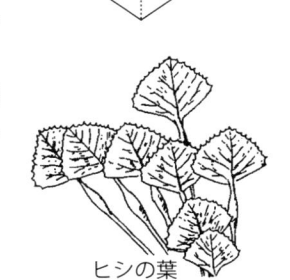

ヒシの葉

〔問題４〕

右の図のような平行四辺形の向かい合う頂点アとエを結ぶと，４つの角ができます。

この４つの角度の間には，何か特別な関係があるでしょうか。みんなの考えをだしあってから，たしかめてみましょう。

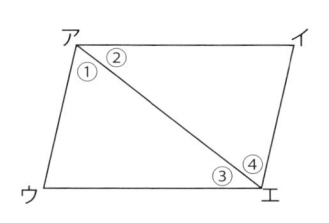

4．三角形の角の和のなぞ――読み物を中心に

理香さんは，あるとき変なことに気付きました。――
「三角定規の三角形のそれぞれの角は，片方が，30度と60度と90度で，合わせると180度になる。
　もう一方も，45度と45度と90度で，これも合わせると180度になる。
もしかすると，〈どんな三角形も，三つの角度を合計すると180度になるにきまっているのじゃないのかなあ〉」
というのです。

〔問題１〕あなたは，これについてどう思いますか。
　予　想
　ア．「どんな三角形も，角度を合計すると180度になる」と思う。
　イ．「どんな三角形も，角度の合計は180度かそれ以上になる」と思う。
　ウ．「どんな三角形も，角度の合計は180度かそれ以下になる」と思う。
　エ．「特別な三角形以外には，そんなきまりはない」と思う。
　みんなの予想を出しあってみましょう。……
　「たしかにこの予想が正しい」と言い切ることができるでしょうか。そう言い切るためには，どうしたらいいと思いますか。

　秀夫君の〔問題１〕の予想は，「エ．三角定規の三角形が特別で，そのほかの三角形にはそんなきまりはない」です。
　理香さんは，「どの予想が当たっているか」を早く知りたくなって，「正三角形の場合は，三つの角度の合計はどれだけになるか」計算することにしました。

〔問題２〕
　正三角形の３つの角度を加えると何度になると思いますか。
　　予　想　ア．「正三角形の場合は，角度の和は180度になる」と思う。
　　　　　　イ．「正三角形の場合は，角度の和は180度にならない」と思う。

〔正三角形の角度の和〕

正三角形の一つの角度は60度です。それが3つですから，

$$60度 \times 3 = 180度$$

になります。「正三角形の角度の和も180度」というわけです。

「正三角形と三角定規の二つの直角三角形，あわせて3種類の三角形の角度の合計＝和がみんな180度になる」なんて，不思議です。でも，正三角形や三角定規の直角三角形のように特別な三角形だけ180度になるのかも知れません。

〔問題3〕ここで，問題1の予想を立てなおしましょう。

　ア．「どんな三角形も，角度を合計すると180度になる」と思う。
　イ．「どんな三角形も，角度の合計は180度かそれ以上になる」と思う。
　ウ．「どんな三角形も，角度の合計は180度かそれ以下になる」と思う。
　エ．「特別な三角形以外には，そんなきまりはない」と思う。

みんなの予想を出しあってみましょう。そして，どのように考えたらこの問題の答えが求められるか，意見を出しあいましょう。

理香さんは，こう言いました。——

　　「この問題は，〈どんな三角形も，角度を合計すると，180度になるか〉という問題だから，180度という角度に目をつけて考えたらどうかしら」

というのです。

すると，えみ子さんは，

　　「180度というのは，平角といったけ。　という角で，〈角がない〉っていうか，まっすぐになる角でしょ。だから，この図でいうと，〈どんな三角形でも，角①と角②と角③をたすと，このまっすぐな角になる〉っていうわけね」と言いだしました。

すると，こんどは工作君が「そうかあ」と大声をあげて，

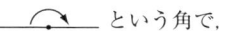

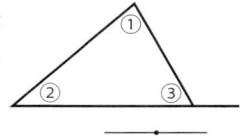

「だとすると，同じ三角形を三つ作って，角①と②と③をくっつけたら一直線にならぶかどうかみればいいんだ」
といって，すぐに折り紙を三枚重ねて，3枚の同じ形の三角形を切りぬきはじめました。そして，それを次のように並べて，叫びました。

「あれっ！ この線，まっすぐみたい。この三角形も三つの角度を加えると，180度になるのかなあ？」
というのです。

しかし，秀夫君もだまっていません。

「これ，本当にまっすぐかなあ。少しは違うんじゃないかな。それに，その三角形も直角三角形に近いから180度に近いだけかも知れないじゃないか」
と言いはるのです。

えみ子さんは，工作君の切った三角形をいじりながら，工作君と秀夫君の議論をいいかげんに聞いていましたが，急に声をあげました。

「ねえねえ、三角形をこう並べ変えると，ほら，こんなにきれいに並ぶわよ」
と言うのです。

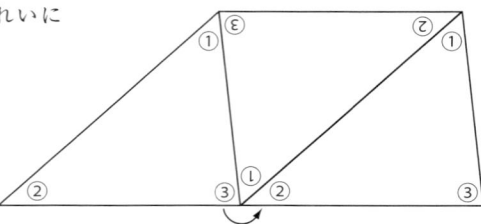

授業書案《図形と角度》　175

　すると，工作君も秀夫君も理香さんも，「ほんとだ。えみ子さんが並べたほうがきれいだ」と賛成しました。

　そのとき，
　　「ねえ，この図形ね，二つの平行四辺形がくっついた形をしているんじゃないの」
といいだしたのは，工作君です。

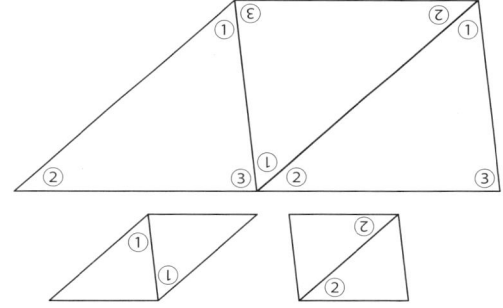

　すると，秀夫君が，「そうか，平行線かあ。それなら角①と角①とは同じだね」と言ったので，工作君は「そりゃ，そうだよ。重ねて切ったんだもの」と憤然として言いました。

　そこで，秀夫君は，「いや，そうじゃないんだ」と弁解しながら，
　　「いま，新しく三角形アイウを書いてみることにするよ。それで，三角形の底辺イウをのばす。それから，頂点アから底辺イウに平行な直線を引く。それから，頂点ウからも直線アイに平行な直線を引いて，その交点をオとして，そのオからも直線アウに平行な直線を引くことにするよ。すると，もうさっきの切り抜きの三角形を３つつなげた形と似た形になるだろ。そうすると，頂点ウのまわりの角は一直線だから180度ということになるね」というのです。

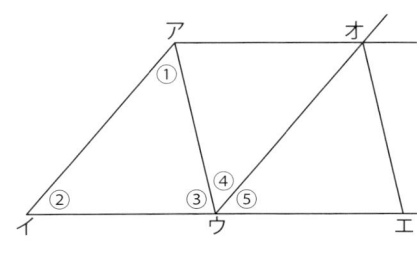

　すると，その話を熱心に聞いていた理香さんが，
　　「そうか，そうやって〈頂点ウの上にのっている３つの角が元の三角形の３つの角と同じだ〉ということをはっきりさせれば，〈この三角形の３つの角度を加えたものは180度だ〉ということになるのか！」

と叫びました。

えみ子さんは，横で聞いていてもあまりよくわからないので，
「二人だけで，何を言っているのよ！」
というと，少しだけわかった工作君が説明しはじめました。

「ほら，この平行四辺形で，角④と角①とは錯角どうしだから角度が同じ。角⑤と角②は同位角どうしだから角度が同じ。だから，角①と角②と角③とを加えたものは，角④と角③と角⑤を加えたものと同じことになる。そうだろ。ところが，角④と角③と角⑤を加えたものはまっすぐだから180度じゃないか。だから〈三角形の３つの角①②③を加えたものは180度になる〉ってわけだよね」
というのです。

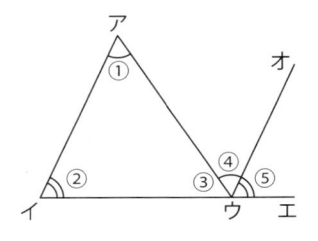

すると理香さんは，「そうそう」と賛成して，「そうか，秀夫君。この説明には，下のイウエの直線とアイに平行なウオの直線だけあればいいんで，アオとオエの直線はいらなかったのね」と言いました。その二本の直線は引かなくともよかったのです。

ところがそのとき，工作君は，「これで本当に，〈どんな三角形でも，みな３つの角度の和が180度になる〉っていうことになるのかなあ」といい出しました。

〔問題４〕
あなたは，これについてどう思いますか。
いまの議論は，三角形がどんな形をしていても成り立つと思いますか。
　予　想　ア．いつでも成り立ちそう。
　　　　　イ．例外もあると思う──どんな場合？

いま，三角形がうんとひょろ長くて，短い底辺からはみ出ているとします。

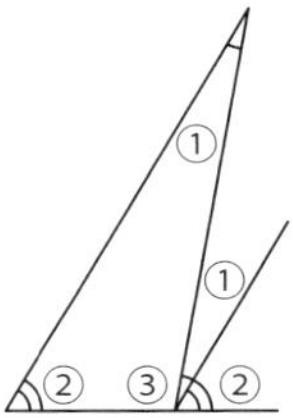

その場合の図は，右の図のようになりますが，この場合も，やっぱり成り立ちます。だから，
「三角形の３つの角度を合計すると，どんな三角形でも180度になる」
っていうのは，いつも成り立つと言ってもいいのです。不思議なこともあるものです。

「三角形の三つの角度を合計すると，どんな三角形でも180度になる」
と言えるのです。

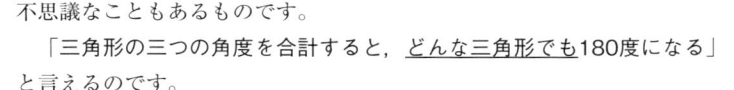

一口に「三角形」といっても，いろいろな三角形があります。ところが，この四人組がやったように考えを進めると，「特別な三角形だけでなく，どんな三角形でも，３つの角度の和は180度になる」ということが言えてしまうのです。「数学」という学問では，このように，ある特別な場合だけでなく，「どんな三角形でも」というように，一般的に議論を進めて，図形や数の一般的な性質を明らかにすることができます。

そこで，「どんな三角形でも，３つの角度の和は180度になる」というような「一般的な図形や数の性質」のことを「定理」といいます。そして，そういう「定理が正しいことを誰でもが納得できるようにした説明」のことを「証明」と言います。

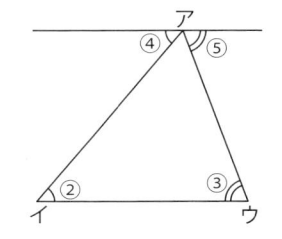

次の日，秀夫君は，「参考書を見たら，こんな証明の仕方が出ていた」と言って，みんなの前で，こんな図を書いて見せました。

この証明では，はじめに，三角形アイウの頂点アから底辺イウに平行な直線を引くのです。そうすると，平行線の性質から角②と角④は同じ，角③と角⑤も同じ，ということになる。だから「三角形の内角の和は一直線の角＝180度になる」というわけです。

このように，一つの定理の証明の仕方は，一つとは限りません。

5．四角形，五角形……の内角の和

「三角形の角度の和」の法則がうまく証明できたので，4人は気をよくして，「それなら，四角形ならどうだろう」と言いはじめました。

すると，まず，えみ子さんが，

「正方形は，一つの角が90度で，それが4つあるんだから，90度×4＝360度というわけね」

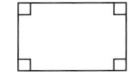

と言います。すると，秀夫君は，「長方形も同じだよ」とつけ足しました。そこで，工作君は，

「四角形は360度で，三角形は180度だから2倍っていうことだよね」

と言いました。すると，理香さんは，「それなら，今度はどんな線を引けばいいの？」と言ったので，みんな考えこんでしまいました。

〔問題1〕

あなたは，「どんな四角形でも，四つの角度を合計したものが360度になる」という法則が成り立つと思いますか。

　　ア．どんな四角形でもそうなると思う。

　　イ．特別な四角形でないと，そうはならないと思う。

みんなの予想を出しあってみましょう。

えみ子さん「私はイ。だって，四角形の場合は，こんな，角が引っ込んでいる四角形もあるんだよ。こんなのは違うんじゃないの。三角形のときに一般的な法則が成り立ったからといって，いつも法則が成り立つというのは，〈馬鹿の一つ覚え〉のようなものじゃない？」

理香さん「ウーン，そうか。そう言えるかも知れないけれど，私はやっぱり〈一般的な法則がある〉っていう気がするな」と言います。

さあ，どうでしょう。一般的に360度になるとしたら，どうすれば証明できると思いますか。

授業書案《図形と角度》 179

　秀夫，理香，工作，えみ子の四人組が話しているところに，ひょっこり正男君が顔を出しました。正男君は，これまでの話の中身をきいて，「フーン，ほんと，不思議だね」といってから，すぐに，

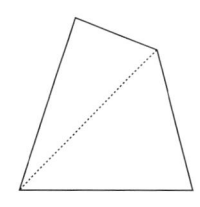

　　「ねえ，四角形の場合はさ，四角形を2つに切って，〈三角形が2つ〉と考えたらいいんじゃない？
　　ほら，この四角形にこういう線を引くと二つの三角形になるだろ。そして，その三角形の角の合計はそれぞれ180度だから，合計で360度ということになるんじゃない？」

と言いだしました。すると理香さんがすぐに，

　　「そうか。そう考えればいいのか。四角形を2つの三角形に分けるのね。四角形の4つの角はみんな，2つの三角形の角度になっているわよね」

とあいづちをうちました。

　すると，えみ子さんも，

　　「そうか，そうすれば，こんな四角形でも，〈内角の和は三角形の場合の2倍〉っていうことが証明できるわけね」

と賛成しました。

　そこで最後に，秀夫君は，

　　「そうそう，だから，〈**すべての四角形は，どんな形のものも，その角度を加えると360度になる**〉と言えるわけだ」

と結論づけました。

〔問題2〕

　「五角形の場合，5つの内側の角度を合計したものは180度×3になる」
と言います。
　本当にそうでしょうか。
　　ア．五角形の内角の和は180度×3になる。
　　イ．そうとは言えない。
　もし本当だとしたら，そのことを証明してみせてください。

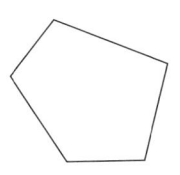

〔五角形，六角形の角の和〕

　五角形の場合も，三角形に分けると，3つの三角形になります。ですから，五角形の角の合計は，180度×3＝540度となります。

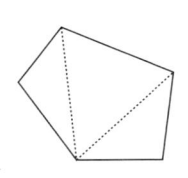

　同じようにして，六角形でも，百角形でも，角度の合計を計算することができます。

〔問題3〕

　ここに，三角形がありますが，ある人は「これは本当は四角形なのだ」と言いはりました。

　　「点エのところは直線に見えるけれど，180度の
　　　角があるから，これは四角形なんだ」
というのです。

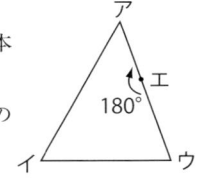

　それなら，この〈あやしい四角形〉の内角の和も，四角形と同じになっていると思いますか。

　予　想

　　ア．内角の和は，四角形と同じ。

　　イ．内角の和は，四角形とは違う。

授業書案《図形と角度》　181

各問題・質問などの解説

第1部　直　線
〔作業1〕
　定規を使わずに直線を引こうと思っても，円周の一部のような線になるか，ぐにゃぐにゃになるかのいずれかでしょう。そのことはすでに十分承知かとも思いますが，改めてそのことを確認して，定規のありがたみを実感させようというのです。そして，十分知っているはずの〈直線の概念〉を確認しようというわけです。
　小さな子どもたちの中には定規を使ってもうまく直線が引けない子がいると思います。定規を押さえておいて直線を引く練習をさせてください。
〔問題1〕
　直線の概念は自明のように思えますので，殊更に教えるのは馬鹿らしくも思えます。しかし，よくあるこの〈錯覚の問題〉を解決するには，〈直線の定義〉に戻る必要があります。そこで，この問題をいれたわけです。
　このような図だと，直観的にはアとイが一本の直線につながっているように思えます。しかし，定規をあててみると，アとウが一直線上にあることがわかります。「どれとどれとが一直線につながる直線か疑わしいときは，直線の定義に従って，定規をあてて確認する必要がある」というわけです。じつは，この問題は，定規をあてる代わりに，紙を持ち上げて，アの線の手前側からイやウの線を見通すようにしてもすぐにわかります。光の直進性を利用するわけで，それも〈直線の定義〉に戻っての確認法といえます。
　問題1の後の〈糸をピンとはる問題〉も，直線の概念に関する実験です。直線というのは，〈二点間を最短距離で結ぶ線〉と定義することもできるのです。
〔作業2〕
　先の作業1との違いは，特定の点を通る直線を引かせることにあります。定規の使い方に習熟していないと，これは結構むずかしいので，少し練習

させてください。
〔作業3〕
　特定の点を通る直線でも，その直線を左右に引く場合は比較的うまく引けますが，その直線を右上とか左上に引くとなったら至難のわざとなります。そういうときは直線を引きやすいように紙を動かして線を引けばいいのです。「紙を動かしてもいいよ」と指示してください。

第2部　三角形と四角形

〔言葉の約束1〕
　〈辺〉と〈頂点〉という字を数回ずつ書かせて，覚えさせてしまってください。
〔問題1〕
　正三角形とそれに近い三角形だけを「三角形」と思っている子どもがいるかも知れないので，確認のための問題です。ほとんどみんなができるようだったら，「そう，頂点の数が3つあれば，みんな三角形だね」と軽く確認して先に進んでください。
〔問題2〕
　日常的な日本語で「四角」といえば長方形のことで，正方形のことは「ま四角」と言います。そこで，角が4個あっても，長方形や正方形でなければ「四角形ではない」という人がいたとしても不思議ではありません。そこで，そういう常識的な論議を克服するためにも，数学的に定義された言葉を使う習慣をつけることが大切なのです。
　科学研究では一般に「言葉の定義」が大切ですが，幾何学では，とくにそうです。そこで，はじめに「やさしすぎる」と思われるような問題から入ることになります。この文章は「四角形というのは，頂点（角）が4個ある形」と文を完成できればいいのです。
〔問題3〕
　「五角形というのは，角（頂点）が5個ある形」「六角形というのは，角（頂点）が6個ある形」とすればいいわけです。〈角〉と〈頂点〉のどちらか一方でかまいません。
〔問題4〕

「角の数が3個なら，辺の数も3個ある」というのは当たり前のようですが，幾何学（数学）というのは，そういう「当たり前の事実」を積み重ねていって，「必ずしも自明とは言えないこと」を確かめていくのです。
　そこで，子どもたちから「どうしてこんな馬鹿らしい問題をやるの？」と聞かれたら，「そのうちむずかしい問題になるから，待っていてね」と言ってあげてください。
　理香さんの説明は「正しい」と言っていいのです。

〔問題5〕
　正答は，「4個」です。
　四角形のことを「四辺形」ということがあります。たとえば「平行四辺形」と言って，「平行四角形」とは言いません。
　しかし，三角形や五角形のことを「三辺形／五辺形」ということはあまりないようです。四角形の場合は，「向かい合う二つの辺同士が平行」ということがあって，辺に着目するので「平行四辺形」という呼び名が定着しているわけです。「四角形＝四辺形」だけが特別なのです。

〔問題6〕
　正答は「5個」となります。

〔問題7〕
　この問題の答えは，次のページの最初に書いてあります。
　これまでの小学校の教科書では三角形と四角形だけを扱ってきたので，一角形とか二角形の話を出しにくかったのですが，この授業書では「四角形→五角形→六角形」と話を拡張しているので，逆に拡張して「二角形とか一角形の話」をすることができるようになったのです。
　ここで「二角形」の話を取り上げたのは，「幾何学（数学）というのは，屁理屈を楽しむところがある」という面白さを強調するためでもあります。「どうして〈二角形というのはない〉と言いきれるか」という話には，乗ってくれる子どもが少しはいると思うのですが，どうでしょうか。
　じつは，地球上の「北極と南極とを結ぶ線」のことを「経線＝経度線」と言いますが，その経線のような（大円上の）線を「地球上での〈直線〉」と定義すると，右図のような二角形がいくらでも作れることになります。経線というのは，直観的には「直線」

と言ってもいいように思えます。そこで，こういうことを知ると，「二角形だってあるぞ！」と言いたくもなるでしょう。しかし，厳密に言うと，「地球に沿って曲がった線」は直線とは言えないので，厳密な数学では「二角形はない」ということになるのです。

　しかし，地球の上に住む私たちにとっては，「地球の中心を通る平面で地表を切った線を〈直線〉と定義した数学」を考えると便利なこともあります。実際，そういう「球面での数学」も昔から研究されています。そういう球面での三角形を問題にするときは，「三角形の3つの角度の和は，180度にはならない」ことに注意してください。

〔質問1〕
　「いちばん美しくととのっている形」などと言っても，いろんな見方があって当然です。②の菱形が好きだ，という人や安定感から言って⑥の台形を推奨する人がいてもおかしくはないでしょう。

〔言葉の約束2〕
　数学では，〈ま四角＝真四角〉のことを「正方形」というのだ，ということを教えるわけです。そのときに「方形」一般を教えたほうが，正方形，長方形を統一的に理解させるのに有効だと思います。

〔言葉の約束3〕
　「正方形＝正四角形」を教えたついでに，「正三角形」も教えてしまおうというわけです。

第3部　平行線と角度

〔質問1〕
　平行線という言葉についての知識状況を調査しておこうというわけです。この種のことについてどの程度の常識をもっているかを知っておくことは，これからの授業を進める上でも有効だと思います。

〔言葉の約束1〕
　常識的な平行線の定義です。

〔作業1〕
　最近はマス目つきの直線定規がたくさん出回っています。直線だけでなく，平行線や直角など，図形を書く上でとても役立つので，教師用にぜひ

買い備えておいてください。
〔質問2〕
　線路でも，カーブしている部分は，直線とは言えないので，厳密にいうと「平行線」とは言えないことに注意してください。
〔平行線の例〕
　天井を見ても，いろんな平行線がたくさん見られるでしょう。建築物には平行線の部分がたくさんあります。
〔質問3〕
　平行線にかかわるいろいろな性質のことはこれから学ぶことになります。何も思いつくことがなかったら，「これから，平行線のいろんな性質を勉強することにします」と言って，あっさり先に進んでください。
〔言葉の約束2〕
　「対頂角」という言葉は覚えにくい言葉です。そこで，「対頂角」というのは，「頂点が対になっている角」のことだ，と分解して覚えさせるといいでしょう。
　「対頂角同士の角度は〈同じ〉です」とまとめます。
　そして，「角①の対頂角は角④で，角③の対頂角は角②です」と文章を完結させてください。
〔問題1〕
　予想の「ア．①と②の角度はまったく同じ」が正しい。このことは，透明な紙で角度を写しとらなくても明らかでしょう。
〔問題2〕
　予想の「ア．角①と角③の角度はまったく同じ」が正しい。これも，異論があったら，透明な紙で角度を写しとってくらべて，正否をきめることにします。
〔言葉の約束3〕
　この文章のあとの（　　）内には，「角②の同位角は角⑥です。また，角③の同位角は角⑦です」と完結させてください。
　「錯角」と発音が同じ言葉に「錯覚」があります。混同しないように注意してください。
〔問題3〕

右の図のように書き込ませればいいのです。
〔言葉の約束４〕
　平行四辺形と菱形の定義です。「菱形」の〈菱＝ヒシ〉というのは植物の名です。この植物の葉や実はヒシガタをしているので，その植物の名をとって〈菱形〉というのです。菱というのは，いまはあまり知られなくなりましたが実は食用になります。
〔問題４〕
　角①と角④とは錯角同士なので角①＝角④，
　角②と角③とも錯角同士なので角②＝角③
という関係があります。

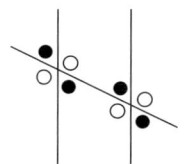

４．三角形の角の和のなぞ

　第４部は，一つの読み物で構成されていますが，その読み物のなかに問題が入っています。このような構成に無理がないかどうか，あまり自信がありませんので，ご検討をお願いします。基本的には読み物なので，気軽に「〈おもしろい〉と思えるところがある」ということになればいい，と思っています。
〔問題１〕は，「予想の立てようもない」ということもあるかも知れません。そういう人には，「それなら〈エ．特別な三角形以外には，そんなきまりはない〉にしたら」と言ってやってください。そうすると，あわてて他の予想に変わるかも知れません。
　この問題は，「〈たしかにこの予想が正しい〉と言い切ることができるかどうか」という問題に変えたほうがいいかも知れません。「証明の見事さ」というものは，そういうものなのですから。
〔問題２〕は，予想を立てる前に計算してしまう子どもも少なくないでしょう。それで，予想を立てるのが無意味になったら，あっさりと先に進んでください。
〔問題３〕も，軽く予想を立てなおすにとどめてください。予想変更がなければ，それでいいのです。
　理香さんと恵美子さんは，りかさんとかえみ子さんとも書きますが同じ

人物です。この問題の解決のメドは180度に目をつけ，「180度というのは変な角だ」と気付くことにあります。この物語は，理香さんと恵美子さんがそのことに気付くことから始まります。

　工作君は，理屈よりも行動の人です。だから，何かやるべきことがあるとすぐに始めます。そこで解決への第一歩を踏み出すわけです。ふつうの数学の本だと，すぐに恵美子さんのように並べてしまうのですが，それは不自然です。その並べ方のほかに工作君のような並べ方もあるからです。

　恵美子さんというのは，いつも美意識が気になる子で，何でも美しくないと気がすみません。そういう意識は数学にとっても大切なセンスだと思います。そこで，その恵美子さんの登場で，工作君の配列が改められることになって，問題解決へ一歩近づくことになります。

　行動派の工作君も，美的なセンスのある人なので，恵美子さんの配列の美の背後に気付きます。

　「平行線なら，何とかなりそうだ」というのは秀夫君です。秀夫君は秀才タイプで，これまで勉強したことはよく覚えているので，平行線と角度の関係にすぐに気付くのです。それで，「三角形の内角の和は180度だ」という定理が一気に証明されることになります。秀夫君は，最初は「そんな法則はなりたたない」と予想していたのに，自分の予想と反することを証明してしまうのです。

　しかし，ここまでの段階では，まだ「証明」という言葉は使わないようにしています。この授業は「証明の授業」の最初のものだからです。そこで「証明」という言葉は，このあとで出てくるので，注意してください。

　「秀夫君の証明だけではすぐにわからない人びと」のために，恵美子さんと工作君が改めて，その証明をしなおします。これで，大部分の子どもたちは納得できると思うのですが，「面倒な話はいっさい聞きたくない」という子どもだけは落伍することになるでしょう。そういう子どもにとっても，「自分とはさして違わないようなクラスの友だちにも納得できるような説明が行われたらしい」と感ずることが大切だと思います。無理に全員を納得させようとしないで，先に進んでください。

〔問題4〕これも簡単に聞くだけで済ませてください。ここで，次のページの特殊例とは違う場合が出たら，次の説明のときに取り上げてください。

「定理」と「証明」の話——これがこの物語で一番重要なことです。少し丁寧に説明してやってください。

秀夫君の紹介した「別証明」——普通の幾何の本に出てくるのは，この証明法です。ほとんど同一と言っても，少し違いがあります。結果的には，この証明法のほうが簡単で，記憶しやすいと思いますが，気付きにくいと思います。そこで，この物語のような証明の仕方を採用したのです。記憶するときは，この証明法を採用しても構いません。この証明法のほかにもかなり違う証明法があります。好きな子どもには教えてやってもいいかも知れませんが，ふつうの子どもにはどうでもいいことでしょう。

第5部　四角形，五角形……の内角の和

最初の会話——この会話は「成功は失敗の元」の状況を描いたものです。この場合には，前と同じような手は使えないわけです。

しかし，〈馬鹿の一つ覚え〉も馬鹿になりません。恵美子さんのような心配症の人もいるわけですが，問題1の正答はアになります。

五角形の内角の和の証明法は三角形の場合よりも簡単なのです。しかし，三角形の場合にうまくいった経験があると，その解決法にとらわれてかえって簡単なはずの解決法に気付きにくくなります。そこで，前の証明法を簡単にしか知らない人物，正男君の登場となって，簡単に解決してしまうことになるのです。

〔問題2〕これは，五角形の場合を拡張しただけの問題ですから，簡単にできるでしょう。証明の形式を教えるための問題です。

〔問題3〕

これは「屁理屈屋のための問題」で歓迎してもらえると思います。数学というのは，いつも概念を拡張するので，こういう「概念の拡張の仕方」を知っているといいと思うのです。こうやって，「三角形と見たり，五角形と見たりする」と，それだけで多角形の内角の和の定理が導かれてしまいます。

あとがき

　今回,本書をまとめるために,かなり昔に書いた文章を読み返してみたら,全体的に〈近ごろ私の書いている文章〉よりずっと〈格調が高い文体〉のものが多いと気づきました。この種の話は「容易に受け入れてもらえないかも知れない」と思い,そのために孤立感を意識して多少とも胸を張って書かざるを得ないので,「格調が高い文体」になるようです。

　格調はともかく,非常識といわれることを覚悟しながら書いてきた文章が,今,もしも多くの人びとに歓迎されるようになるなら,こんなに嬉しいことはありません。私は,「これぞ,数学者でない人びと──庶民のための数学の本だ」と思っているのですが,どうでしょうか。

　私はこれまで,自分でも呆れるくらい多方面の本を書いてきました。私には,『お金と社会』『禁酒法と民主主義』『歴史の見方考え方』『日本史再発見──理系の視点から』『近現代史の考え方』『勝海舟と明治維新』『世宗大王の生涯』『生類憐みの令』『世界の国ぐに』『世界の国旗』『新哲学入門』『発想法かるた』『教育評価論』『模倣と創造』『模倣の時代』『変体仮名とその覚え方』など,科学史と科学教育の専門領域を大きく超えて,哲学／教育学／評価論／日本史／世界史／地理,その他じつに多方面の著書を世に出すようになっているのです。

　こういうと,「板倉という人間はもともと多様な学問に興味をもっていたから知識が豊富で,文章を書くのも好きだったから,

そんな多方面の研究ができて，そんなに多くの本を書くようになったのだろう」と思う人がいるかも知れません。しかし，事実はその正反対です。

　小学校時代の私は「綴り方＝作文」ほど嫌いな教科はありませんでしたし，「国史」と呼ばれていた「歴史」も大嫌いでした。小中学校時代の私は，「数学」以外に好きな教科はなかったのです。私は，数学以外の学問はみなウソっぽく見えてならず，全く勉強する気になれませんでした。「理科」も好きではありませんでした。私が「理科好き」になれたのは，物理に数学が導入されて以後のことです。だから，私は「常識」とか「教養」というものが大嫌いで，強く反発し続け，数学以外の知識はまるで身に付けようとしなかったのです。

　「概数の哲学」の冒頭にも書いたことですが，私はとても〈落ちこぼれ意識〉が強かった人間で，若い頃は「できるだけ自分の専門領域に閉じこもっていたほうがいい」と思っていました。それなのに，「なぜそんなにも多方面の仕事をするようになったのか」──その理由は，私自身，思い当たることがあります。

　「常識」とか「教養」というものが大嫌いだった私は，常識や教養に反発し続けた末に，自分なりに納得できる「数量的な見方考え方」に基づいて，ふつうの「常識／教養」に対抗する自家用の「常識／教養」を作ろうとして画策していたのです。しかし，そんな画策はうまくいきっこありませんでした。だから私は，いつまでも自信が持てなかったのです。

　私の得意としたのは，数量的なデータを図式化して，グラフを作って考えることだけでした。しかし，「そんなことをするのは理科系の学生にとって当たり前のこと」と思っていたので，なかなか自信にはつながりませんでした。ところが大学院時代のある

とき，私の書いた文章を見た物理の金原寿郎教授から，「いかにも板倉君らしい文章だね」といわれて驚きました。その先生は私の師事した教授ではなかったのですが，「君の書く文章には，数量的データを図式化した資料が多いのが特徴的だ」と指摘してくれたのです。

その後，私は国立教育研究所に職を得ましたが，「国立の教育研究所」だというのに，「文部省の〈学習指導要領〉の枠を越えて研究してはならない」という自己規制の雰囲気が強いことに驚き，教育の研究よりも江戸時代の科学史の研究に精を出すようになりました。そして間もなく，和算ではとても有名な『改算記』に〈鉄砲玉の弾道〉を示す詳しい数表が載っているのを知って，その数表のデータをグラフ化した結果，その一部が厳密な放物線になっていることを発見しました。そのことを科学史学会で発表したら，私の予想していた以上に大きな反響がありました。

私がグラフ化した数表は，和算家たちには古くからよく知られていたものです。それなのに，和算史家たちはこれまで誰もそれをグラフに描いていなかったのです。そのとき私は，「数学史の研究者は数学が得意なはずなのに，こういう数表を目にしても，それをグラフ化する習慣がない」ことを知って驚きました。そこで私は，「数学関係者たちの〈数量的な見方考え方〉もかなりいい加減だ」ということに気づき，「数学教育を根底から変える視点」を得た感じがしました。

そのとき以来，私は「〈小中学生の算数・数学の学力〉よりも，専門的な数学関係者たちの〈数量的な見方考え方〉の貧困」を問題にしなければならないのではないか」と気にするようになりました。そして，自分の〈数量的な見方考え方〉の活躍の場が大いにあることに確信がもてるようになりました。それまで分からなくて自信の持てないできた様々な問題についても，私独自の〈数

量的な見方考え方〉を武器に，片端から考察する仕事を自分に課するようになったのです。

　私は小学生時代から「納得のいかなかった事柄」を中心に，片端からグラフ化して，多くの事実を発見していました。私の〈非常識〉が私の研究に生きてきたのです。だから私は,「子どものときから多くの常識を身に付けるといい」といった教育家の意見は間違っていると思うようになりました。「感動的に学べることは早くから教えてもらったほうがいい」とは思いますが，ただ「〈これは常識だから〉と教えられてきたような話には，真偽が怪しいものが多いので，そんな常識は身に付けないほうがいい」と思うようになったのです。

　そうと気づけばシメタものです。私の劣等感は一挙に優越感に近いものに代わりました。ときには，自分の無常識を誇るようにもなったのです。私がとくに「常識に挑戦して見事に勝った」と自信を持つことが出来た仕事の一つに，本書の「科学と数学」の項の中にも取り上げた「江戸時代の百姓は〈全体的に見て，アワ・ヒエしか食べられなかった〉というのは本当か」という問題の解決があります。私は「そんな常識は〈数量的な見方考え方〉を元に考えれば，どう見ても間違いだ」と結論したのですが，そのときは「その発見の話をどのように発表したらいいか」迷いました。不用意にそんなことを発表したら，多くの人びとの反発を買う恐れを感じたからです。

　「江戸時代の百姓はアワ・ヒエしか食べられなかった」という話は，ちゃんとした歴史教育では取り上げられたことはないようにも思うのですが，その話は多くの教師や親の確固たる常識になっていて，何かのキッカケで生徒たちに伝えられてきたのです。その話を感動的に教えるような文学作品も知られています。そういう常識を引っ繰り返すような話をすると，その真偽よりも「な

んでそんなことをいうのだ。お前は〈江戸時代の百姓の生活の大変さを知らないのか。どうしてそんな確かなことを否定するのだ」と，その研究の動機からして非難されてしまうのです。

　多くの人びとから圧倒的に非難されたら，研究の成果を抹殺される可能性もあります。大げさに言えば「自分の発見した地動説」を世に出すことについて迷いに迷いぬいたコペルニクスの心境みたいな感じにもなりました。

　そこで私は一計を案じました。「まずは確実に受けいれてもらえそうな人びとだけを対象にして発表しよう」と考えたのです。それが，本書に収録した（8）「科学と数学」という文章です。この研究成果は，その後さらに論拠を豊富にして『歴史の見方考え方』や『日本史再発見』に発表しましたが，一部の高校生などは，〈日本史の先生イジメ〉にこの話題を取り上げるようにもなって，私も孤立を恐れずに済むようになりました。

　一方私は，1963年に「仮説実験授業」なる科学教育の方法と内容を提唱して，それまでの科学教育の全面的な改革に着手したので，その方面からも事情が大きく変わりました。

　仮説実験授業というのは，「対象に対して大胆な予想／仮説を立てて考え，実験してその真偽を明らかにしていく」という「科学の方法」を，そのまま学校の授業に取り入れたものです。さいわい，その仮説実験授業の考えに基づいて私が作成した物理学関係の〈授業書〉に基づく小中学校での授業は，画期的な成果を挙げることが出来ました。そこで，私の仮説実験授業の考え方を支持して下さる方がたが多数あらわれ，自分でも信じられないほどの大きな成果を挙げました。

　日本では今でも「科学」というと，ほとんど「自然科学」のことと考えられています。ところが私は，「仮説実験授業は，自然

科学だけでなく〈社会の科学〉をも対象とするものだ」と考えていました。それで，〈社会の科学〉についても仮説実験授業の可能性を模索するようになるのは，ごく自然なことでした。

　自然科学の特徴の一つは，対象を数量的に取り扱うことにあります。そこで私は，〈社会の科学〉の対象となる歴史や社会の問題を数量的に研究することをはじめました。そうしたら，なんと，次つぎに面白い法則が見えてくるではありませんか。私が「〈江戸時代の百姓はアワ・ヒエばかり食べていた〉と考えるのは間違いだ」ということに気付いたのは，そういう研究の成果でもあるのです。「被差別部落の人びとの生活水準は，普通の百姓よりもむしろ豊かで，人口も増えていた」という「非常識な事実」の発見も続きました。

　私は「〈明治39＝1906年〉と〈昭和41＝1966年〉の丙午年の人口統計」を詳しく数量的に分析して「迷信は〈無知蒙昧から生ずる〉というよりも〈一種の文明病〉と考えたほうがいい」という結論を引き出すことが出来たのも，〈数量的な見方考え方〉の成果です。

　こうなれば，怖いものなしです。私のそれまでの不安は急激に自信に変わりました。そこで私は，その他の社会的な問題にも片端から〈数量的な見方考え方〉を適用して，その見事な成果を支持してもらえるようになったのです。私の「非常識」は，「私の創造的な考え方の発想源」に変わったのです。

　私は〈社会の科学〉の数量的な研究を本格的にはじめることになりました。その結果，長期統計資料をグラフ化すると，これまで〈歴史学者たちも気づいていなかった社会の動き〉がみごとに見えてくることに気づいて興奮しました。そこで私は，それらの成果をまとめて『歴史の見方考え方』という本を出すまでに至りました。仮説社から出した『歴史の見方考え方』の発行部数は2.5

万部に達し，朝日新聞社から出た『日本史再発見』は５万部を超えています。

　このように思いなおしていくと，〈私の数量的な見方考え方〉を元にした数学的な研究はとても沢山あります。そこで今回，本書をまとめるに当たって，「どの論文を収録するか」ということに少し戸惑いがありました。そこで，私がこれまで発表してきた「数量的な見方考え方／数学教育論」に関する著作リストを付録として収録することにしました。

　あらためて考えてみると，「自分でも呆れるくらい多方面の本を書いてきた」という私が，数学に関する単行本だけは，これまでまったく世に出していませんでした。私は，「もともと好きだった数学の本だけは，いくらでも書きたいことがあるから，最後にまとめよう」――私は何となくそんなことを考えていたからでもあります。

　「数学が好き」という人びとには，「計算が好き」という人びとが少なくないようですが，私は数学好きではあっても計算嫌いで，「計算」はまるで出来ません。だから，子どもたちを計算好きにするような授業プランの作成には興味を持てません。その代わり「数学的な考え方」というか，「数量的な考え方」にばかり興味をもち，グラフを書いて考えたり，物事の構造を解き明かすことにだけ興味を持ってきました。そして私は何となく，「私以外の〈数学好き〉という人びとも，私と似た興味の持ち方をしているのではないか」と思っていました。しかしそれは，少なからぬ場合，私の勘違いであったようです。

　私が書いてきた歴史や社会に関する本の内容は，そのほとんど全部が，「古くからなじんできた知識」ではありません。その内容は，「その本を書く気になったときよりもホンの少し前に知っ

た，私自身まだまだ興奮さめやらぬ知識」だと言っていいのです。しかし，その知識をさぐりあてるために動員した「数量的なものの考え方」だけは，「小学生時代から時間をかけて考え続けてきた」といっていいように思えてなりません。

　そこで私は何となく，本書に書いた「数量的なものの考え方」は，「数学好き」という人びとと共通する考え方と思ってきました。ところが，近頃になって「世の中の〈数学好き〉という人びとは，どうも私と同じような考え方にこだわり続けて来たわけではないらしい」と気づいて慌てました。「そういうことであれば，これらの考え方を早く世に知らせなければならない」と思えてきたからです。

　歴史や社会について私が何冊もの本を書きたくなったのは，私自身がそれらの知識を遅ればせながら「新しく知って嬉しくなったから」と言っていいのです。「数量的な考え方の重要性」に関しては，私はかなり周知のことと考えていたので，その発表が遅れるということになったのです。しかし，もしかすると，本書に書いたことについては，〈数学好き〉だった人びとよりも，〈数学嫌い〉という人びとのほうが理解が早い」ということがあるのかもしれないと思えてきています。そうだとしたら，「本書を少しでも早く世に出して多くの人びとの支持を得たい」と思えてなりません。

　本書の発行によって，これまで「受験に必要不可欠な学力」，「理工系の基礎学力」とだけ見られてきた数学──「数量的な見方考え方」が，「誰にでも楽しく役立つ基本的な知識」と見なされるようになれば，こんな嬉しいことはありません。

　2010年4月

板倉聖宣

板倉聖宣／数量的な見方考え方／数学教育　論文著作一覧

（太字は本書に収録されているもの）

1960年
「日本における初期の弾道研究——日本最初の放物線弾道」（板倉／板倉玲子）『科学史研究』第55号，1960.9，岩波書店→『日本における科学研究の萌芽と挫折』1990.5，仮説社

「『改算記』の放物線弾道はいかにして得られたか」（板倉／板倉玲子）『科学史研究』第56号，1960.12.→『日本における科学研究の萌芽と挫折』

1961年
「大学の入学試験と〈浪人〉」『科学』Vol.31，No.8，1960.8，岩波書店（この文章のもとになった論文は『国立教育研究所紀要』に発表してあるが，ここでは省略した）→『下町主義の教育研究』1995.3，仮説社

1962年
「学力調査はゴマカシではいけない——〈正答率何％〉という見かけのウソ」『科学読売』1962.3月号→『下町主義の教育研究』

「『改算記』の弾道輸入説の検討——ヨーロッパと日本の弾道研究の諸事情」（板倉／板倉玲子）『科学史研究』第62号，1962.6.→『日本における科学研究の萌芽と挫折』

「日本の砲術と科学の芽ばえ——近代科学誕生のための諸条件（1）〜（4）」（板倉／板倉玲子）『科学読売』1962.5月号〜8月号→『科学と社会』1971.6，季節社

1963年
「野沢定長『算九回』（1677年）における弾道学の法則——物理現象に関する日本最初の数学的理論とその起源（1）（2）」『科学史研究』第66〜67号，1963.6月，9月→『日本における科学研究の萌芽と挫折』

1964年
『ピタゴラスから電子計算機まで（発明発見物語全集 第1巻 数学)』（編著），1964.8，国土社→『数と図形の発明発見物語』1983.4，国土社

1972年
「丙午迷信と科学教育」『科学教育研究』第7冊，1972.1，国土社→『私の新発見と再発見』1988.8，仮説社

「現場教師の研究の自由——広田虎之介『聚落式算術教授法』（1909年）」（先駆者の言葉6）『科学教育研究』第7冊→『私の新発見と再発見』

1973年
『ひと』創刊（刊行発起人：遠山啓・石田宇三郎・板倉聖宣・遠藤豊吉・白井春男），1973.1，太郎次郎社
「入学試験の数学的基礎──諸教科の点数を加算することの意味」『科学教育研究』第10冊，1973.2，→『仮説実験授業の研究論と組織論』1988.8，仮説社
「小学校での母親教師の比率──過去・現在，日本・世界」『ひと』第11号，1973.12，太郎次郎社
1974年
「（解説）科学論」『小倉金之助著作集7（科学論・数学者の回想）』月報（1974.5.10.執筆）1974.9，勁草書房
1975年
「集会における本の売り上げ高に関するイタクラの法則」『仮説実験授業研究』第3集，1975.1，仮説社→『仮説実験授業の研究論と組織論』
「『ひと』はどの地方で多く読まれているでしょうか」『ひと』(27) 1975.4月号
「幼児の学習意欲をのばすために」『ひと』(28) 1975.5月号
「かわりだねの近代日本の科学者たち──私の印象に残った人々①」『仮説実験授業研究』第5集，1975.8，仮説社→「沢田吾一のこと」『かわりだねの科学者たち』1987.10，仮説社
「高等学校を考えなおす」『ひと』(33) 1975.10月号
1977年
「演習 授業書の作り方──授業書〈広さと面積〉のできるまで」（板倉／松崎重広・高村紀久男）『仮説実験授業研究』第11集，1977.7，仮説社
1979年
「遠山啓氏 略伝」『授業科学研究』第3巻，1979.11，仮説社
1980年
「算数教育を考える」『数学セミナー』1980.2月号，日本評論社
「遠山さんと私──水道方式と仮説実験授業」『数学教室』1980.3月号，国土社
「初期和算書における金属と水の密度の値──その伝承と改善」（板倉／中村邦光）『科学史研究』第136号，1980.冬→『日本における科学研究の萌芽と挫折』
1981年
「1660年以後の和算書その他における金属と水の密度の値──その停滞と退歩」（板倉／中村邦光）『科学史研究』第138号，1981.夏→『日本におけ

る科学研究の萌芽と挫折』

1982年

「藤森良蔵と考え方研究社——かわりものの科学者たち（その6）」『授業科学研究』第9巻，1982.1，仮説社→『かわりだねの科学者たち』

「江戸時代の円周率の値——江戸時代の学問と通俗書の間」（板倉／中村邦光）『科学史研究』第143号，1982.秋→『日本における科学研究の萌芽と挫折』

1983年

「科学と数学」『岩波講座・基礎数学』月報11，1983.2月→『私の発想法』1995.11，仮説社

『たのしい授業』0号創刊〔以下，『たの授』と略記〕，1983.3，（編集代表），仮説社

「ガウス分布と成績分布（教育を考えなおすための小事典）」『たの授』(3) 1983.6月号→『教育評価論』2003.8，仮説社

「古代以来の日本人成人の総数」『たの授』(4) 1983.7月号（懸賞問題）・(6) 1983.9月号（解答編）

「円周率3.14の受け継ぎと定着の過程」（板倉／中村邦光）『科学史研究』第148号，1983.冬→『日本における科学研究の萌芽と挫折』

1984年

「いたずら博士の〈歴史の見方・考え方〉」『たの授』(13) 1984.4月号〜(24) 1985.3月号→『歴史の見方考え方』1986.3，仮説社

「二宮尊徳と数学——数学の役立ちかた」『たの授』(15) 1984.6月号→臨増246

「円周率3.14の動揺と3.16の復活の謎」（板倉／中村邦光）『科学史研究』第151号，1984.秋→『日本における科学研究の萌芽と挫折』

1985年

「たのしい授業とドリルの構造」『たの授』(26) 1985.5月号→『たのしい授業の思想』1988.4，仮説社

1986年

「社会の統計法則の発見（読本）」『たの授』(43) 1986.9月号→『社会の発明発見物語』1998.7，仮説社

1987年

「実験で確かめる算数・数学の授業」『たの授』(48) 1987.2月号→『たのしい授業の思想』

「授業書案　コインの発行枚数をさぐる——大数の法則とは何か」（松崎重広／板倉）『たの授』(48) 1987.2月号

「授業書案　誕生日が同じ人のいる確率——偶然性の数学入門」(板倉／坂本知昭)『たの授』(48) 1987.2月号→『社会にも法則はあるか』2006.7, 仮説社
「模倣の時代〔脚気の歴史〕」『たの授』(55) 1987.9月号〜(58) 1987.12月号→『模倣の時代』(上下) 1988.3, 仮説社
「小倉金之助・人とその思想」(NHKラジオ「人と思想・小倉金之助」1979.6の記録)『かわりだねの科学者たち』1987.10, 仮説社
「江戸時代の円周率の値——数学の専門家と素人との間」『数学セミナー』1987.12月号→『私の発想法』
「暗記の授業を見直す」『たの授』(57) 1987.11月号→『たのしい授業の思想』

1988年

「日本の人口——グラフで見る世界1」『たの授』(63) 1988.4月号
『学校と試験——週刊朝日百科 日本の歴史103』1988.4, 朝日新聞社→2004.3, 増訂版
「世界の人口地図——グラフで見る世界2」『たの授』(64) 1988.5月号
「各国のGNP——グラフで見る世界3」『たの授』(65) 1988.6月号
「世界GNP(一人当り)地図——グラフで見る世界4」『たの授』(66) 1988.7月号
「日本の貿易世界地図——グラフで見る世界5」『たの授』(67) 1988.8月号
「〈日本人の旅行〉世界地図——グラフで見る世界6」『たの授』(68) 1988.9月号
「世界の言語地図——グラフで見る世界7」『たの授』(69) 1988.10月号
「オリンピックのメダル地図——グラフで見る世界8」『たの授』(70) 1988.11月号
「ノーベル賞受賞者数とGNP——グラフで見る世界9」『たの授』(71) 1988.12月号

1989年

「円高現象をみる新案グラフ——グラフで見る世界10」『たの授』(72) 1989.1月号
「日本の学校教育——グラフで見る世界11」『たの授』(73) 1989.2月号
「グラフ入門——対数グラフの世界」(板倉／井藤伸比古)『たの授』(74) 1989.3月号→『対数グラフの世界』1989.4, 仮説社
「日本の生徒と教師の数——グラフで見る世界12」(板倉／長岡清)『たの授』(74) 1989.3月号
「言論の自由・脅迫・勇気・社会の反応——グラフで見る世界(号外)」『たの授』(75) 1989.4月号→『近現代史の考え方』1996.11, 仮説社

「小中学校教員の男女別年齢構成──グラフで見る世界13」(板倉／長岡清)『たの授』(76) 1989.5月号
「日本の税金の変遷──グラフで見る世界14」(長岡清／板倉)『たの授』(77) 1989.6月号
「英国の税金の変遷──グラフで見る世界15」(板倉／長岡清)『たの授』(78) 1989.7月号
「人類の法則・社会の法則──グラフで見る世界16」(板倉／長岡清)『たの授』(79) 1989.8→『社会にも法則はあるか』
「大学生数の変動が語るドイツの歴史──グラフで見る世界17」『たの授』(80) 1989.9月号
「イギリスの木綿生産量の変遷(上)──グラフで見る世界18」『たの授』(81) 1989.10月号
「イギリスの木綿生産量の変遷(下)──グラフで見る世界19」『たの授』(82) 1989.11月号
「世界の独立国の数の変遷──グラフで見る世界20」(長岡清／板倉)『たの授』(83) 1989.12月号

1990年

「東欧社会の激変とたのしい授業──グラフで見る世界21」『たの授』(85) 1990.2月号→『近現代史の考え方』
「ソ連の民族問題とその経済的基礎──グラフで見る世界22」(長岡清／板倉)『たの授』(87) 1990.3月号
「日本の農業人口の変遷──グラフで見る世界24」(板倉／佐々木敏夫)『たの授』(89) 1990.5月号
「1875～1941年の日本の車の数──グラフで見る世界25」(板倉／長岡清)『たの授』(90) 1990.6月号
「有権者の数と割合で見る日本の選挙制度の変遷──グラフで見る世界26」(板倉／長岡清)『たの授』(91) 1990.7月号
「雲量の度数分布──グラフで見る世界28」(板倉／荒井公毅)『たの授』(93) 1990.9月号
「アラブ諸国の人口・GNP地図──グラフで見る世界29」(板倉／長岡清)『たの授』(94) 1990.10月号→『近現代史の考え方』
「数学におけるモノとコト──関係概念と実体概念について」『たの授』(95) 1990.11月号→臨増246
「一筆書きの数学(読本)」『たの授』(95) 1990.11月号→『なぞとき物語』1997.12, 仮説社

1991年

「予想分布の７段階予想法──どういうとき〈２つのクラスは異質〉といえるか」『たの授』(98) 1991.1月号

「日本の家電製品の生産台数の変遷（下）──グラフで見る世界32」（板倉／長岡清）『たの授』(98) 1991.1月号

「理系の目・日本史再発見」『科学朝日』1991.1月号～1992.12月号→『日本史再発見──理系の視点から』1993.6，朝日新聞社

「日本と米国の技術貿易──グラフで見る世界35」『たの授』(102) 1991.4月号

「砂糖の消費量と国民性──グラフで見る世界36」（長岡清／板倉）『たの授』(103) 1991.5月号

「変わる国名・変わる国旗──グラフで見る世界37」（長岡清／板倉）『たの授』(104) 1991.6月号

「ソ連のクーデター事件に学ぶ──グラフで見る世界41」『たの授』(108) 1991.10月号→『近現代史の考え方』

1992年

「笑い話・数字の書き方──新総合読本37」『たの授』(112) 1992.2月号→『なぞとき物語』

「雑学の中から日本の科学史を浮かび上がらせた人──大矢真一さん（1907～91）の仕事」『数学セミナー』1992.2月号，日本評論社→『私の発想法』

「座談会・〈文章題のむずかしさ〉とは何か」（板倉／荒井公毅・尾形邦子・塩野広次・高村紀久男）『たの授』(113) 1992.3月号→臨増246

「〈年貢と人口の法則〉の発見──グラフで見る世界47」『たの授』(115) 1992.5月号

「近代日本の数学者の本格的な伝記」『数学セミナー』1992.6月号→『私の発想法』

「グラフ式年譜・年表のすすめ──グラフで見る世界48」『たの授』(116) 1992.6月号

「電気と熱の伝導率の相関グラフ──グラフで見る世界52」『たの授』(120) 1992.10月号

「革命時代に誕生した科学サークル──グラフで見る世界53」『たの授』(121) 1992.11月号

「王認学会の会合頻度──グラフで見る世界54」『たの授』(122) 1992.12月号

1993年

「日本史の時代区分──グラフで見る世界55」『たの授』(123) 1993.1月号

「米国の戦争とその戦死者数──グラフで見る世界56」（長岡清／板倉）『たの授』(124) 1993.2月号

「実験で確かめる数学の授業──出口陽正さんに板倉賞をさしあげるに際して」（92.7月講演の記録）『たの授』（125）1993.3月号
「グラフに見る『たのしい授業』の普及──グラフで見る世界57」『たの授』（125）1993.3月号
「たのしい授業の思想と数学教育──仮説証明授業の提唱」『たの授』（130）1993.7月号→臨増358
「授業書案《勾配と角度》とその解説」『たの授』（130）1993.7月号→臨増246
「授業書案《図形と角度》とその解説」『たの授』（131）1993.8月号→臨増246
「日本人男性の生命（生存）曲線──グラフで見る世界62」（長岡清／板倉）『たの授』（131）1993.8月号
「ニュートン主義の成立──『自然哲学の数学的原理』とニュートンの後半生」（いたずら博士の科学史学入門6）『たの授』（134）1993.11月号→『科学と科学教育の源流』2000.1, 仮説社

1994年
「ファラデーにおける物理と数学」『数学セミナー』1994.4月号→『私の発想法』
「授業における〈たのしさ〉の意義──グラフで見る世界72」『たの授』（142）1994.6月号→『教育が生まれ変わるために』1999.8, 仮説社
「授業書《広さと面積》とその解説」（板倉／松崎重広）『第3期仮説実験授業研究』第4集, 1994.6, 仮説社
「日本の文化圏地図──グラフで見る世界73」『たの授』（143）1994.7月号
「私にとっての〈応用数学〉」『岩波講座・応用数学』月報1994.8月号→『私の発想法』
「世界の米食国──グラフで見る世界75」（板倉／佐々木敏夫）『たの授』（145）1994.9月号
「砂糖の生産量と消費量──グラフで見る世界76」（板倉／長岡清）『たの授』（146）1994.10月号
「学部卒業生数と博士号取得者の国際比較──グラフで見る世界78」『たの授』（148）1994.12月号→『教育が生まれ変わるために』

1995年
「首都の移り変わりで見る中国の歴史──グラフで見る世界80」『たの授』（150）1995.2月号
「米国の産業別就業者数の変遷──グラフで見る世界86」（岸勇司／板倉）『たの授』（157）1995.8月号

「予備校の先生と高校の先生——グラフで見る世界87」（長岡清／板倉）『たの授』（158）1995.9月号

「都道府県別に見た被差別部落——グラフで見る世界88」（住本健次／板倉）『たの授』（159）1995.10月号

「ある差別部落の人口の変遷をどう読むか——グラフで見る世界90」（板倉／橋本淳治）『たの授』（162）1995.12月号

1996年

「ミニ授業書〈富士山の地理と数学〉——グラフで見る世界96」（板倉／田口司朗）『たの授』（169）1996.6月号

「繭（まゆ）の名産地と教育の近代化——グラフで見る世界98」『たの授』（172）1996.8月号→『近現代史の考え方』

「未来の学生・生徒数の予測——グラフで見る世界99」『たの授』（173）1996.9月号

「江戸時代後半の長州藩の人口——グラフで見る世界100」『たの授』（174）1996.10月号

「概数の哲学——本当の数とウソの数，タテマエの数とおよその数，役立つ数」『たの授』（175）1996.11月号→臨増246

1997年

「日本の教師の数——グラフで見る世界103」（板倉／桑野裕司）『たの授』（178）1997.1月号

「神社と寺院の名産地——グラフで見る世界105」『たの授』（180）1997.3月号

「記号と暗号——新総合読本43　ギリシャ文字入門」『たの授』（191）1997.12月号→『自然界の発明発見物語』1998.12，仮説社

1998年

「半端な数とぴったりの数——新総合読本44」『たの授』（193）1998.2月号

「校内暴力・いじめ・登校拒否のその後——グラフで見る世界116」『たの授』（193）1998.2月号→『教育が生まれ変わるために』

「洋風小学校を設立した人びと——グラフで見る世界117」（橋本淳治／板倉）『たの授』（194）1998.3月号

「古代の〈国・道〉と明治の〈道府県〉」（板倉／橋本淳治）『たの授』（195）1998.4月号

「大都市の人口くらべ——グラフで見る世界120」『たの授』（198）1998.6月号

「日本の経済成長率の変動——グラフで見る世界122」『たの授』（200）1998.8月号

「日本史の三大急成長期の比較対照年図——グラフで見る世界125」『たの授』(203) 1998.11月号

1999年

「日本と韓国＝朝鮮の開国と教育を中心に見たその後の近代化の比較——グラフで見る世界129」『たの授』(208) 1999.3月号

『しらべてみよう——わたしたちの食べもの』(監修) 全10巻, 1999.4, 小峰書店

「私のかけ算筆算法——落ちこぼれ, 向きをかえれば先頭に」『たの授』(212) 1999.6月号→臨増358

「日本の産業 これまでとこれから——グラフで見る世界133」『たの授』(213) 1999.7月号

2000年

『調べよう——グラフで見る日本の産業』(監修) 全10巻, 2000.4, 小峰書店

「本当の数とウソの数——鎌倉時代の日本の人口の話」『たの授』(225) 2000.5月号

「ジョン・ペリーの生涯1——日本の工部大学校教師としての仕事と数学教育近代化の提唱」『数学のたのしみ』(20) 2000.8月号, 日本評論社

「ジョン・ペリーの生涯2——日本の工部大学校時代の研究と方眼紙の普及活動」『数学のたのしみ』(21) 2000.9月号, 日本評論社

「ジョン・ペリーの生涯3——英国の工業学校での数学教育改革構想の提出」『数学のたのしみ』(22) 2000.10月号, 日本評論社

「ジョン・ペリーの生涯4——数学教育近代化の提唱」『数学のたのしみ』(23) 2000.11月号, 日本評論社

「日本刀の大量輸出のなぞ」『第3期仮説実験授業研究』 9集, 2000.11, 仮説社

「行基の伝えた日本の人口と地図」『第3期仮説実験授業研究』 9集, 2000.11, 仮説社

2001年

「日本(中国・朝鮮)におけるゼロの概念とその記号の歴史——「無」に関する大風呂敷的な教育談義」『たの授』(234) 2001.1月号

「〈学力〉か〈意欲〉か——グラフで見る世界152」『たの授』(235) 2001.2月号

「科学はギリシアにしか生まれなかった——グラフで見る世界158」『たの授』(242) 2001.8月号

「〈長岡清〉年図——グラフで見る世界159」『たの授』(243) 2001.9月号

「その後のギリシアの歴史——グラフで見る世界160」『たの授』(244)

2001.10月号

『たの授』2001年11月臨増（246）「たのしい授業プラン算数数学」

「テロと戦争の時代の始まり──グラフで見る世界162」『たの授』（247）2001.12月号

2002年

「アフガニスタンの国旗──グラフで見る世界165」（丸山秀一／板倉）『たの授』（250）2002.3月号

『資源・環境・リサイクル』（監修・板倉／吉村七郎）全10巻，2002.4，小峰書店

「科学読物の数の変遷──グラフで見る世界166」（板倉／西條善英）『たの授』（251）2002.4月号

「貿易収支と所得収支──グラフで見る世界167」『たの授』（253）2002.5月号

「自動車の国内生産と海外生産──グラフで見る世界168」『たの授』（254）2002.6月号

「世界の大国の面積くらべ──グラフで見る世界171」（岸勇司／板倉）『たの授』（257）2002.9月号

「明治前後130年間の米の反当たり収量の変遷──グラフで見る世界172」『たの授』（258）2002.10月号

「大科学者の平均寿命──グラフで見る世界174」（板倉／黒田礼子）『たの授』（261）2002.12月号

2003年

「作曲家の平均寿命──グラフで見る世界175」（板倉／西條善英）『たの授』（262）2003.1月号

「江戸時代の本屋（出版者）の数の変遷──グラフで見る世界179」『たの授』（267）2003.5月号

「公立小・中・高校の教職員の数と病気休職者数の変動──グラフで見る世界183」『たの授』（271）2003.9月号

「金とプラチナ（白金）の価格の変動──グラフで見る世界186」（板倉／井藤伸比古）『たの授』（275）2003.12月号

2004年

「いま世界の国ぐにで信頼されている国際的な政治家──グラフで見る世界189」（板倉／多久和俊明）『たの授』（278）2004.3月号

「世界の人びとが好きな色──グラフで見る世界190」（板倉／橋本淳治）『たの授』（279）2004.4月号

「アテネオリンピックのメダル数──グラフで見る世界196」（板倉／井藤伸比

古)『たの授』（286）2004.10月号
「北海道の人口──グラフで見る世界197」『たの授』（287）2004.11月号

2005年

「将軍と天皇の交代年図──グラフで見る世界201」（板倉／肥沼孝治）『たの授』（292）2005.3月号

「勝海舟を中心とした明治維新史の年図──グラフで見る世界202」『たの授』（293）2005.4月号

「勝海舟を中心とした明治維新史の年図（2）──グラフで見る世界203」『たの授』（295）2005.5月号

「幕末の米価の変動のなぞ──グラフで見る世界207」『たの授』（299）2005.9月号

「中世の天皇と将軍の年図──グラフで見る世界208」（板倉／肥沼孝治）『たの授』（300）2005.10月号

2006年

「〈ヒトラーと民主主義〉年図（1）──グラフで見る世界213」『たの授』（306）2006.3月号

「ユダヤ人の歴史年図──グラフで見る世界214」『たの授』（307）2006.4月号

「〈ヒトラーと民主主義〉年図2──グラフで見る世界215」『たの授』（309）2006.5月号

「ドイツ科学隆盛のなぞ──グラフで見る世界216」『たの授』（310）2006.6月号

「ロシア領ポーランド（1897年）の〈ユダヤ人と非ユダヤ人の職業〉──グラフで見る世界217」『たの授』（311）2006.7月号

「〈天才出現〉の社会的条件──グラフで見る世界218」『たの授』（312）2006.8月号

「米国のノーベル科学賞とユダヤ人──グラフで見る世界219」『たの授』（313）2006.9月号

「ヒトラー台頭時代のドイツ──グラフで見る世界222」『たの授』（317）2006.12月号

2007年

「大都市圏に多い新任教師の比率──グラフで見る世界228」『たの授』（324）2007.6月号

「富塚清・年図（1927〜45）──グラフで見る世界231」『たの授』（327）2007.9月号

「表面張力，何が一番？──グラフで見る世界234」『たの授』（331）2007.12

月号
2008年
「主要作物の原産地——グラフで見る世界235」『たの授』(332) 2008.1月号

「アメリカ大陸諸国の主要民族構成——グラフで見る世界236」(板倉／岸勇司)『たの授』(333) 2008.2月号

「小学校教員の男女比——グラフで見る世界238」『たの授』(335) 2008.4月号

「グラフは〈問題意識に応じて〉好きに書け——グラフで見る世界239」(板倉／岸勇司)『たの授』(337) 2008.5月号

2009年
「明治期の日本人の海外留学国——グラフで見る世界249」(板倉／岸勇司)『たの授』(348) 2009.3月号

「高校理科の教師は自信ない?——グラフで見る世界252」(板倉／竹田かずき)『たの授』(352) 2009.6月号

「〈文明開化〉と占い書の復活——グラフで見る世界253」(板倉／斉藤萌木)『たの授』(353) 2009.7月号

「(新総合読本) 2種類あった江戸時代の円周率——〈3.16〉と〈3.14〉のなぞ」『たの授』(356) 2009.10月号

『たの授』2009年11月臨増 (358)「子どもがよろこぶ算数・数学」

2010年
「〈旧暦〉と〈新暦〉——グラフで見る世界261」『たの授』(362) 2010.3月号

「〈無〉が〈有る〉ことの発見」『たの授』(366) 2010.6月号

「現代的に書き直した二宮尊徳のグラフ——グラフで見る世界264」『たの授』(366) 2010.6月号

「見れども見えずコインの数字」『たの授』(367) 2010.7月号

2011年
「1926年以後の日本における震度5以上の地震の回数——グラフで見る世界275」『たの授』(379) 2011.5月号

板倉聖宣（いたくら きよのぶ）
1930年，東京の下町に生まれる。
1958年，物理学史の研究で理学博士となる。
1959年，国立教育研究所（国立教育政策研究所）所員
1963年，仮説実験授業を提唱。科学教育の改革，本格化。
1973年，遠山啓氏らと，月刊誌『ひと』創刊。
1983年，編集代表として月刊誌『たのしい授業』を創刊。
1995年，国立教育研究所を定年退職し「私立板倉研究室」を設立。

　研究分野は多様で，著書も『科学と方法』『科学の形成と論理』季節社，『ぼくらはガリレオ』岩波書店，『いたずら博士の科学の本』（全12巻）国土社，『日本史再発見』朝日新聞社，『理科教育史資料』（編，全6巻）東京法令，『科学的とはどういうことか』『科学者伝記小事典』『歴史の見方考え方』『原子論の歴史』（上下）仮説社，他多数。

数量的な見方考え方
数学教育を根底から変える視点

2010年5月10日　初版発行（2300部）
2012年12月5日　2刷発行　（800部）

著者　板倉聖宣 ©
発行　株式会社　仮説社
169-0075 東京都新宿区高田馬場 2-13-7
Tel. 03-3204-1779　Fax. 03-3204-1781
E-mail（営業部）hanbai@kasetu.co.jp
　　　（編集部）tanoju@kasetu.co.jp
ホームページ　http://www.kasetu.co.jp/
印刷・製本　図書印刷　　Printed in Japan
＊無断転載はかたくお断りいたします。
価格はカバーに表示してあります。
ページの乱れた本はお取り替えいたします。

ISBN978-4-7735-0218-3

歴史の見方考え方
板倉聖宣著 「江戸時代の農民は何を食べていたか」という問題を解きながら，「物質不滅の法則」をもとに歴史を見直すことの素晴らしさと有効性を具体的に示す。原子論的なものの見方・考え方の実際。歴史が苦手な人も好きな人も考えるのが楽しくなる！　　　　　　　　　　　　　　税込1680円

社会にも法則はあるか　誕生日をめぐる法則
板倉聖宣・長岡　清著　「自然には法則があって当然」でも，「社会には怪しげな法則しかない」と思っていませんか？　では，「多くの人々は何月に生まれているか」という統計を取ってみると，何が見えてくるでしょう？　社会の法則を数量的に解き明かす！　　　　　　　　　　　　　　税込1260円

日本における
　科学研究の萌芽と挫折
板倉聖宣・中村邦光・板倉玲子著　日本にも科学が生まれるチャンスはあった。弾道，密度などの研究史を通して科学の萌芽を確認し，その挫折と社会の関係を検証する。　　　　　　　　　　　　　　　　　　　　税込6525円

実験できる算数・数学
出口陽正著　予想を確かめる〈実験〉を取り入れると，算数・数学の授業は格段に楽しくなる。授業書《2倍3倍の世界》《電卓であそぼう》《コインと統計》を収録。数学教育のイメージが変わる，画期的な一冊。小学校高学年から大人まで楽しめる。　　　　　　　　　　　　　　　　　税込2520円

日本理科教育史
板倉聖宣著　1968年の初版発行以来，本書を超える教育史の本は現れていません。「日本初の信頼できる教育史」だから，教育に深い関心を抱いている全ての人にとって，なくてはならない道しるべとなるでしょう。圧倒的に詳しく，役立つ「教育史年表」付き。　　　　　　　　　　　　税込6615円

科学者伝記小事典　科学の基礎をきずいた人びと
板倉聖宣著　古代ギリシアから1800年代までに生まれた大科学者約80人。生誕順なので，「科学の発達史」としても通読できる画期的な事典。「科学者分類索引」や科学者の関係地図も充実。　　　　　　　　　　　　税込1995円

仮説社